에티모버스(ETYMOVERSE), 어원으로 보는 세상

에티모버스(ETYMOVERSE),
어원으로 보는 세상

1판 1쇄 펴냄 2023년 9월 20일
디자인 강초록
제작 세걸음

펴낸이 박진희
펴낸곳 ㈜파롤앤
출판등록 2020년 9월 10일 (제2020-000195호)
주소 서울시 서초구 서초대로 396, 217호
이메일 parolen307@parolen.co.kr

ISBN 979-11-979099-5-5 03700

* 이 도서는 한국출판문화산업진흥원의 '2023년 중소출판사 출판콘텐츠 창작 지원 사업'의
일환으로 국민체육진흥기금을 지원받아 제작되었습니다.

파롤앤

머리말

이 책은 다양한 단어들의 어원을 살펴보면서, 단어들이 품고 있는 역사·문화적 지식과 과학적 지식을 함께 결합하여 이야기의 형식으로 전하는 것을 목적으로 한다.

오늘날 우리가 무심코 쓰는 어휘들의 어원에는 개념이 처음 형성될 당시 사람들의 사고가 담겨 있다. 이후 오늘에 이르기까지 보이는 단어들의 의미 변화와 그 궤적을 탐색해 보면 선조들이 세상을 바라보는 사고방식의 본류와 만나게 되는데, 이는 인간이 가지는 사고의 보편적 구조가 무엇인지를 알게 해준다. 그리고 이렇게 얻은 지식은 언뜻 복잡해 보이기만 한 현재의 우리 생각들의 핵심을 정리하는 능력을 키워 주고, 또한 우리의 미래에 대해 새로운 아이디어를 갖도록 해준다.

이처럼 어원으로 세상을 볼 때 가지는 장점을 잘 전하기 위해 필자는 '에티모버스'라는 단어를 만들었다. 이는 어원을 뜻하는 étymology와 우주를 뜻하는 universe를 합성한 말이다.

한편 이 책을 쓰게 된 또 하나의 동기는 어원에 관해 잘못된 정보들, 즉 가짜 뉴스들이 너무 많이 돌아다님을 목격했기 때문이다. 최근 늘어나는 교양 강의들에서 어원을 양념처럼 다루는 경우가 많은데, 이처럼 어원을 소개하는 일은 인문학자로서 환영해 마지않으나, 잘못 알려진 정보를 전하거나 본인의 상상력을 동원하여 학술적으로 확인되지 않은 내용을 지어내는 일이 빈번하고, 때로는 심지어 감동을 주기 위해 어원을 만들어내는 일까지도 일어나고 있다. 그러나 어원학은 과학이지 소설이 아니다. 예를 들어 understand를 '(상대방보다) 아래에 서다'라는 뜻에서 나온 말로 소개하면서 이해한다는 행위가 본질적으로 '겸손함'을 뜻하는 행위라는 식으로 설명하는 것은 어원학적으로 틀린 이야기이고 교육적으로 명백한 오류이다. 언어학자로서 이를 바로잡고 대중들에게 올바로 알리는 것이 필요하다고 생각되어 이 책을 집필하게 되었다. 물론 올바른 지식에 기반하여 어원을 알게 될 때도 감동은 여전하고 정당하다.

이 책을 읽으면 다음과 같은 것들을 경험할 수 있을 것이라고 감히 단언한다.

첫째는 발견의 기쁨이다. 서로 관련이 있다고 생각한 적이 없던 두 단어가 동일한 어원에서 나왔다는 사실을 알게 되면, 잠자고 있던 뇌의 네트워크가 활성화되고, '아하!' 하는 깨달음을 얻으면서 큰 희열을 느끼게 된다. 보물찾기에서 보물을 찾았을 때와 같은 발견의 기쁨이다.

다음으로는 지식과 교양이 넓어지는 것이다. 어원을 탐구함으로써 우리는 언어에 관한 지식 외에도 단어들을 태동시킨 문화와 사회, 역사적 사건에 대한 폭넓은 지식을 얻게 된다. 언어는 오랜 세월에 걸친 인간의 사고, 신념, 상호작용의 진화를 담는 교과서의 역할을 하기 때문이다.

어원을 습득하면 서로 먼 곳에 있는 두 지식을 하나의 사고 공간에 연결하게 된다. 그러므로 이를 통해 우리는 단지 새로운 지식을 하나 더하는 것이 아니라, 새로운 시야와 조망을 얻게 된다. 창의력이란 서로 관계없던 개념들을 서로 연결 짓는 능력이므로 이런 점에서 어원을 탐구하는 활동은 궁극적으로 창의력을 길러 주는 매우 좋은 지적 탐구라 하겠다.

아무쪼록 독자들이 '에티모버스'의 세계에 푹 빠져 세상을 보는 시야를 넓힌다면 저자로서 더 바랄 것이 없겠다.

이 책을 쓰기 위해, 그동안 여러 매체에 수록했던 칼럼들을 중심으로 손질하였고 여기에 많은 새로운 글들을 더하였다. 이 자리를 빌려 내게 언어학을 가르쳐주신 은사 서울대 명예교수이신 홍재성 선생님께 깊은 감사를 드린다. 아울러 한국어 어원에 대해 많은 조언을 아끼지 않으신 아주대 국문과의 이상신 교수님께 감사를 드리고, 필자의 작업에 늘 관심과 지원을 보내주신 더칼럼니스트의 문주용 대표님과 파롤앤의 박진희 대표님께도 고마움을 표한다.

2023년 9월

아주대 연구실에서

박만규

차례

ETYMOVERSE

CHAPTER 1

1장

시간의 이름짓기

9791197909955 03700

'까치 설날'과 '섣달'의 기원

어렸을 때부터 설이 되면 자주 듣는 노래에 이런 것이 있다.

"까치 까치 설날은 어저께고요, 우리 우리 설날은 오늘이래요."

왜 설 전날은 '까치 설날'이라고 할까?

'설'은 새해의 첫날을 일컫는 말이지만, 본래는 '한 해'(年)를 뜻하는 말이었다. 이 말은 모음만 교체된 '살'이라는 말을 파생시켰는데 이는 잘 알다시피 나이를 세는 단위이다. 즉 '설'이 지나면 먹는 나이라는 뜻이다. 즉 한 '살'을 먹었다는 말은 '설'을 맞았다는 말이다. 이처럼 우리말에는 기본적으로 같은 의미이지만 모음의 교체로 작은 의미 차이를 전하는 단어들의 쌍이 많이 있다.

짐승의 수를 셀 때 쓰는 '마리'도 본래 '머리'를 뜻한다. 세 '마리'는 세 '머리'를 말하는 것이다. 사람도 '인(人)당'의 의미로 '두(頭)당'이라는 말을 쓰듯이 머리의 수로 개체수를 세는 습관이 반영된 것이다. 해결의 실마리를 찾는다고 할 때의 '실마리'도 바늘에 꿰어야 할 '실머리'에서 온 것이다. 실머리를 꿰면 실 전체를 꿸 수 있는 것과 같이 실마리를 찾으면 사건 전체를 해결할 수 있기 때문이다.

어떤 것의 풍미에 대해 말할 때도 음식의 경우에는 그것이 '맛'(味)이 있다고 하는 반면, 옷이나 차림새의 경우에는 '멋'이라고 한다. 또 물건이 오래되면 '낡다'라 하고, 사람이 오래되면 '늙다'라고 한다. (크기, 부피가) '작다'와 (수량이) '적다'도 같은 어원이다.

'맑다'와 '묽다', '밝다'와 '붉다'도 동일한 의미에서 출발한 단어쌍이다. 또한 '야위다-여위다' '고소하다-구수하다' '아장아장-어정어정' '방글방글-벙글벙글' '살살-슬슬' 같은 수많은 음성상징어의 음상(音相), 즉 한 단어 안에 표현 가치가 다른 모음이나 자음이 교체됨으로써 어감의 차이를 가져오게 되는 현상도 여기에 속한다.

이처럼 모음교체는 한국어의 매우 특징적인 속성이라 할 수 있다. 그런데 이를 보다 넓은 관점에서 보면 여러 언어에서 관찰되는 비교적 보편적인 현상이라 할 수 있다. 예컨대 영어에서도 이를 볼 수 있는데, '노래하다'를 뜻하는 동사의 활용형인 'sing-sang-sung'이 그러하다. 동일한 의미를 나타내면서 현재, 과거, 과거분사형의 문법적 의미 차이만을 보여 주고 있는 것이다.

나이의 단위인 '살'에서 우리는 동서양의 시간관의 차이를 알 수 있다. 비록 2023년 6월 28일부터 '만 나이 통일법'이 적용되기 시작했지만 우리의 전통적인 나이 개념은 서양의 만(滿) 나이와 다른데, 이는 시간의 개념이 근본적으로 달라서 생기는 현상이다. 서양인에게 '나이'란 인간이 탄생한 후 지난 시간을 말한다. 그들은 시간이 흘러가는 현상을 해석함에 있어, 인간을 주체로 보고 시간은 객체로 본다. 그래서 영어에서 나이를 물을 때 쓰는 'How old are you?'(너는 얼마나 늙었느냐?)는 '태어난 이후 너는 얼마나 많은 시간을 보냈냐?'를 뜻한다. 그러다 보니, 이에 대한 대답으로 '25년 3개월'과 같은 표현이 나오는 것이다. 나는 어렸을 때 영어 원어민이 나이를 개월 수까지 표현하는 것을 보고 매우 놀랐던 기억이 난다.

서양에서는 시간이 단지 과거에서 와서 미래로 가는 단일방향의 지속이다. 반면에 동양에서는 시간이 그 같은 단일방향의 지속이 아니다. 시간은 연(年), 월(月), 일(日), 시(時)라는 네 개의 단위가 나타내는 여덟 글자, 즉 사주팔자(四柱八字)로 구성되어 있다. 그리고 각각은 10간과 12지의 결합으로 60갑자(甲子)로 구성되어 있다.

서양의 시간관처럼 '지속'일 때는 모든 시간이 동질적이다. 똑같은 시간이 계속 흘러갈 뿐이므로, 그 가운데에 특별한 날이 있을 수가 없다. 앞서 말한 바와 마찬가지로, 태어나서 10년 3개월이 지났으면 나이는 10살 3개월일 뿐이다.

그러나 동양의 시간관처럼 단위를 이루는 시간에는, 모든 시간이 동질적이지 않다. 단위에는 시작과 끝과 같이 경계를 이루는 부분이 있기 때문이다. 앞선 단위가 끝나고 새로운 단위가 시작하는 경계에 있는 시간은 특별한 중요성을 갖는다. 그래서 '설'이라는 말은 한 해(年) 중에서도 해가 시작하는 날을 뜻하는 말('설날')로도 쓰이고, 한 해가 끝나는 날을 뜻하는 말('까치 설날')로도 쓰였다.

이때 '까치 설날'은 과거에 '아찬 설(아촌설)'이라고 했는데, 이는 작다는 뜻의 '앛'에 접미사 '은'이 붙어 만들어진 말이다. 그러다 '아찬 설'에서 본래의 '작은'이라는 관념이 잊히고 '아찬'과 발음이 유사한 '까치'와 결부되면서, 다시 말해 이것이 '까치'에서 온 말이라고 잘못 생각하게 되면서 '까치 설'로 바뀌게 된 것이다. 이른바 민간어원설(folk etymology)이다.

이 '작은 설'을 알게 되면 일 년의 맨 마지막 달을 '섣달'이라고 하는 이유를 이해할 수 있게 된다. 그 이유는, '작은 설'이 들어 있는 달이라는 뜻의 '설+달'로부터 기원했기 때문이다.

'설날'과 '까치 설날'(작은 설날)과 같은 단어들의 존재는 이러한 개념들이 우리에게 중요했음을 알려 주는데, 실제로 예전에는 '묵은 세배'라 하여 섣달 그믐날 한 해를 보내는 마지막 인사로 가족과 친지 등 윗사람이나 조상신에게 감사의 뜻으로 절을 하는 풍습이 있었다. 한 해가 가기 전에 인사를 드림으로써 한 해를 정리하고 마무리하는 것을 의무로 생각했기 때문이다. 이것이 '작은 설'(까치 설)의 풍습이다. 그만큼 한 단위에서 다른 단위로 넘어갈 때는 반드시 통과의례를 거쳐야 한다고 생각했던 것이다. 물론 한 해의 첫날은 새로운 단위가 시작하는 날이니만큼 당연히 정신을 가다듬고 세배도 드리고 떡국도 먹으면서 성대히 보내야 한다.

나이를 왜 '먹는다'고 할까?

'나이'는 '낳다'에 접미사 '이'가 붙어 생겨난 말로, 'ㅎ'이 탈락하여 '나이'가 된 말이다. 낳은 날로부터 얼마가 지났는가를 따지는 단위이다. 그러나 서양처럼 시간이 얼마나 흘렀는가를 의미하는 단순한 양적 개념이 아니다.

한국인에게 '나이'는, 엄마 배 속에 있을 때도 귀중한 생명이라고 해서 수태 기간의 한 살에다 출생 후에 보낸 '설'(새해 첫날)의 수를 더한, 복합적 개념이다. 바로 '설'에서 나이의 단위인 '살'이 나온 것이다. 그래서 나이가 몇 '살'이냐는 몇 번의 '설'을 보냈느냐는 뜻이다. 예를 들어 12월 31일에 태어난 아이는 수태 기간의 한 살을 갖고 태어나므로 하루가 지나 1월 1일이 되면 바로 두 살이 되는 것이다. 나이를 세는 단위인 한자어 '세'(歲)도 '해'를 뜻하므로 '설'과 매한가지이다.

그런데 한국인들은 나이를 항상 '먹는다'고 한다. 도대체 어떻게 음식도 아닌데 나이를 '먹을' 수 있을까? 한국어에만 있는 이 독특한 표현을 어떻게 설명해야 할까? 사실 기록 자료의 부족으로 이 문제에 학술적인 답을 내기는 어렵다. 다만 '먹다'와 결합하는 다른 표현들의 존재를 근거로 간접적인 추정을 할 수 있을 뿐이다.

예컨대, 우리는 '마음을 먹는다'고 한다. 마음을 먹는다면 토해 내기가 어려워서 돌이킬 수 없을 것이다. 마음을 독하게 먹고 일을 하라고도 한다. 이 같은 표현은 결심한다는 추상적인 행위를 비유적으로 이해하기 쉽게 나타내 준다. 나아가 '앙심을 먹는다'고 표현하기도 한다. '욕을 먹는다'는 표현도 있다. 남이 나에게 욕하는 것을 단순히 '듣는다'고 표현하는 것보다 '먹는다'고 하면 고막을 두드리는 정도가 아니라 못 먹을 것을 입을 통해 내 몸에 들여오는 것이니 분노의 느낌이 더욱 생생하다. '꾸지람' '핀잔'도 먹는다. 또한 우리는 '겁'도 먹는다고 하는데, 이것도 마찬가지로 공포의 심리가 체화되는 것이니 말을 할 수가 없는 그 상황이 더욱 실감 난다. 때로는 '충격'도 먹는다.

한편 '더위'를 먹는다고도 하고, '이자'나 '이문'을 먹는다고도 하며, 부당한 방식으로 수익 따위를 가로채거나 차지할 때 '돈'을 먹거나 '뇌물'을 먹는다고 한다. 한발 더 나아가 수수료를 '꿀꺽 삼킨다'라는 표현도 쓴다.

이 같은 표현들은, 추상적인 행위나 활동은 본래 개념화하기 어려운 것이어서 그보다 직접적이고 원초적인 경험, 예컨대 신체 경험 같은 것에 빗대어 표현하려는 인간의 본능에서 나온 것들이다. 특히 먹는 행위는 그 어떤 것보다 인간이 생존하기 위해서 필수적으로 행하는 원초적인 행위이기 때문에 그 전달력이 가장 강력해 보인다.

한편 사람이 먹는 것은 아니지만 어떤 사물에 어떤 성분이 배어들어가는 현상도 '먹는다'라고 한다. 옷감에 '풀'이 잘 먹는다, '화장'이 잘 안 먹는다, 천이 '물기를/습기를/기름을' 먹는다, 솜이 '물을 먹었다'와 같은 표현들이다. 이는 먹는 행위를 매개로 하여 나이를 몸에 내재화시키는 한국인의 사고방식을 간접적으로 증명해 주고 있는 사례이다. 사실 이러한 내재화를 직접 표현해 주는 표현이 있는데 이것이 바로 '나이가 든다'는 표현이다. 나이가 든다는 것은 나이가 몸속으로 들어간다는 것을 뜻하는데, 이는 나무의 나이가 자신의 몸 안에 나이테로 육화하는 것과 마찬가지라 할 수 있다. '나잇살'이라는 표현의 존재도 이를 지지해 주는 또 다른 증거인데, 세월이 내 몸 안에 살의 형태로 축적되는 것을 묘사해 주고 있다. 이 말은 나이를 먹었지만 그에 걸맞은 행동을 하지 못하는 사람을 비난할 때도 쓰인다. "나잇살이나 먹은 사람이 왜 그러세요?"라면서.

나이를 먹을 수 있는 한국인들은 시간을 몸 안에 내재화할 수 있는 사람들이다!

만우절의 모든 것, 핵심 정리

4월 1일은 가벼운 거짓말로 서로 속이면서 즐기는 날, 만우절(萬愚節)이다. 서양에서 전래된 것이지만 이미 전 세계적 풍습이 되었다. 누가 가까운 친구들에게 장난치는 것을 싫어하랴. 영어에서는 사전에 따라 단수형의 April Fool's Day와 복수형의 April Fools' Day가 모두 등재되어 있는데, 복수형인 후자가 더 많이 쓰이고 있다. 한 사람만 놀리는 것이 아니라 그날은 대개 여러 명을 놀리기 때문이다. 장난의 방식은 나라와 지역에 따라 다양하다.

우리나라에서는 '나는 바보다'라고 쓴 종이를 친구가 한눈파는 사이 그의 등에 써 붙이는 장난으로부터, 중고등학교에서 학생들이 교실을 바꾸어 앉아서 선생님을 어리둥절하게 하며 골리는 장난까지 다양하다. 학생들끼리 각자 반을 바꾸고 책상 자리도 앞뒤를 바꿔서 칠판을 등지도록 앉기도 한다.

프랑스에서는 '사월의 물고기'라는 뜻의 '푸아송 다브릴'(Poisson d'avril)답게, 친구의 등에 물고기를 그린 종이를 붙이는 장난을 친다. 스코틀랜드에서는 수행이 불가능한 가짜 심부름을 보내서 사람을 골탕 먹인다. 다음 날에도 장난은 계속되어 종이로 만든 꼬리를 대상자의 등에 붙이거나 'Kick me!'(날 걷어차!)라는 글을 써서 붙이기도 한다. 브라질에서는 '디아 다 멘티라'(Dia da Mentira)라고 하는데, 이는 거짓말의 날이라는 뜻이다. 주로 좋아하는 사람들을 놀리는 일을 한다.

기원에 관한 이론도 다양하다. 기록에 나오는 가장 오래된 풍습은 프랑스이다. 어머니 카트린 드 메디치(Catherine de Medicis)의 명에 따라 샤를 9세(Charles IX)는 당시 종교전쟁으로 폐허가 된 프랑스 전국을 돌아보았다. 그때 그는 지역의 교구마다 새해의 시작일이 성탄절, 4월 1일, 5월 1일, 5월 25일, 혹은 부활절 등으로 다르다는 것을 알게 되었다. 그는 이를 통일할 필요성을 절감하고 1564년에 루시용 칙령(Edit de Roussillon)을 포고하여 지금의 1월 1일을 새해의 첫날로 정하였다. 이것이 현재 우리가 1월 1일을 새해의 시작일로 삼고 있는 기원이 되었는데, 이후 1582년 교황 그레고리오 13세가 오늘날 우리가 쓰고 있는 달력인 그레고리력 선포와 함께 이 조처를 가톨릭 국가들에 일반화했기 때문이다.

그런데 샤를 9세의 칙령 발효에도 불구하고 당시에는 교통수단이 지금처럼 발달해 있지 않아서 이 소식이 전파되고 정착되는 데에는 꽤 많은 시간이 걸렸다. 그래서 상당수의 사람들이 여전히 새해가 4월 1일에 시작하는 줄 알고 이때 새해를 축하하는 선물을 주고받았다. 그런데 4월 초는 기독교인들이 고기를 먹지 않는 사순절의 종료일과 일치하여 고기 대신 생선을 주고받았는데, 아직도 4월 1일이 새해의 시작인 줄 잘못 알고 있는, 정보 취득이 늦고 좀 어리숙한 사람들에게 새해 선물이라며 가짜 생선을 주면서 놀리는 장난을 쳤다고 한다. 이것이 만우절에 생선 그림을 등에 붙이며 놀리는 풍습이 되었다는 설이다.

이러다가 17세기에 이 풍습이 프랑스로부터 잉글랜드로 건너간 것으로 추정되는데, 대표적인 것이 가짜 심부름을 보내는 장난이었다. 1712

년의 기록에 나오는 'All Fool's Day'가 그것이다.

바보의 상징물도 다양하다. 잉글랜드 북서부의 컴벌랜드(Cumberland), 웨스트모얼랜드(Westmorland), 랭커셔(Lancashire), 요크셔(Yorkshire) 같은 옛 주들에서는 거위 새끼(gosling)인데 아직 세상 물정 모르는 얼뜬 모습이 쉽게 연상된다. 이 지역에서는 4월 1일이 아니라 5월 1일을 '거짓말의 날'로 명명하여 하루를 즐기는 독특한 점이 있었는데, 이 때문에 놀림의 대상은 메이 고슬링(May gosling)이라 불렸다.

스코틀랜드에서는 'Gowk Day'라고 하는데, 여기서 gowk은 본래 뻐꾸기(cuckoo)를 뜻하는 말로 바보의 상징이다. 아마 알도 제 둥지에 못 낳고 남의 둥지에 낳아서 부화시키기 때문에 그런 이미지를 쓴 것으로 추정된다.

프랑스에서는 물고기이다. 만우절에 속는 이들을 일컬어 '푸아송 다브릴'이라고 부른다. 4월의 물고기라는 뜻인데, 이는 4월이 되면 낚시하기가 매우 좋은 풍어기가 되어 강에 나가면 쉽게 물고기를 낚을 수가 있는데, 이때 찌만 갖다 대면 낚여 올라오는 물고기처럼 남의 말에 너무 쉽게 낚이는 사람들을 이에 비유하여 4월의 물고기라는 말이 생겼다는 설도 있다.

이상에서 보았듯이 장난의 방식, 기원, 바보의 상징물 등은 나라와 지역에 따라 다양하다. 그러나 핵심 구조는 동일하다. 우선은 그 의도가 악의 없는 장난이다. 즉 장난이므로 '재미'가 있어야 하되, 결코 상대를 불쾌하게 하지 않는 '악의 없음'이 만족되어야 한다. 장난은 농담이나 거짓말, 놀림, 즉 거짓말로 속여서 사람을 바보로 만드는 것으로 이루어진다. 이 세상에 놀림당하기를 좋아하는 사람은 없다. 그러므로 결국은 상대를 조롱할 때 그 사람이 함께 웃어 줄 수 있을지 상상해 보고 안전할 때 실행해야 하는 것이다. 저열한 방법을 쓰거나 지나치게 수치심을 자극해서는 안 된다.

프랑스어로 농담을 plaisanterie(플레장트리)라고 하는데, 즐거운 말이나 일이라는 뜻이다. 이 단어가 '즐거운'을 뜻하는 영어 단어 pleasant(플레즌트)의 어원이라는 점을 생각하면 쉽게 이해가 될 것이다.

우리말의 '조롱'(嘲弄)은 '비웃을 조, 희롱할 롱'으로 이루어져서 그 안에 '비웃다'가 포함되어 있다. '비웃다'는 '비'와 '웃다'가 결합하여 형성된 단어이다. 이때 '비'는 중세국어에 쓰이던 '비다'라는 동사인데, '눈을 흘겨 뜨다'라는 뜻이다. 그러니까 눈을 흘겨 뜨면서 웃는다는 뜻이다. 그러나 만우절의 장난은 눈을 흘겨 뜨면서 웃는 것이 아니고 그 '악의 없음'으로 인해 그저 파안대소하는 것이 되어야 한다.

또한 '놀리다'는 '놀다'의 사역형으로 짓궂게 굴거나 흉을 보거나 웃음거리로 만든다는 뜻에서 온 말이다. 다만 주로 '입을 함부로 놀리다'라는 표현에서 '조롱하다'라는 의미가 나온 것으로 추정되는데, 아무튼 최초의 출발은 즐거움을 추구하는 '놀다'이다.

악의 없는 즐거움의 추구가 장난의 목적이므로 그 대상의 선정에도 제약이 있다. 놀림의 대상은 주로 가족, 친구, 애인, 그리고 장난이 통하는 가까운 사이의 지인이어야 한다. 그리고 그 가운데에서도 좀 너그러운 사람을 대상으로 한다. 재미와 안전함을 동시에 보장해 주기 때문이다. 화를 잘 내거나 아량이 부족한 사람을 건드렸다가는 낭패를 보기 십상이니까. 사실 웃자고 하는 일에 화를 내며 끝을 맺으면 본말이 전도되는 것이라 안 하느니만 못하게 된다.

또한 상황을 종결할 때 반드시 이것이 만우절 장난임을 알려서 악의가 없었음을 상대에게 알려 주어야 한다. 우리는 보통 "오늘 만우절이잖아!" 하고 알려 준다. 영어에서는 "April Fools!"(4월 바보), 프랑스어에서는 "Poisson d'avril!"(4월 물고기) 하고 외친다.

그런데 만우절이 이처럼 개인적인 영역에서 이루어지는 장난으로 그치지 않고 미디어와 같은 공적인 영역에서도 행해지고 있다. 언론사들이 가짜 뉴스를 만들어 퍼뜨리기 시작한 것이다. 1965년에는 덴마크의 한 신문사가 밤에 잘 보이게 하려고 모든 개를 흰색으로 칠해야 한다는 뉴스를 전한 적이 있는데, 이런 정도는 다소 오해가 있었다고 해도 웃고 넘어갈 수 있는 수준이다. 그러나 실제로 가짜 뉴스를 진짜인 줄 믿고 투자를 하거나 피난길에 오르는 등의 부작용을 일으키는 경우들도 있는데 이는 만우절 장난의 본래의 취지를 넘어서는 잘못된 일이 아닐 수 없다. 더욱이 현대 기술의 발전은 뉴스의 진위를 가리기 점점 더 어렵게 만든다.

2020년 4월 1일에 프랑스의 초대형 스포츠대회인 '투르 드 프랑스'(Tour de France)를 코로나19의 확산으로 인해 취소하는 대신 대한민국 서울에서 개최하기 위해 서울시와 논의 중이라는 기사를 '르 푸앵'(Le Point)지가 게재했다. 행사를 연기하는 분위기이지만 코로나19 대처 상황이 지구상에서 한국이 제일이기 때문에 한국에서라면 열 수 있다는 판단에서였다는 것이다. 그런데 이를 인용 보도한 인터넷 KBS발 기사도 나왔다. 많은 사람들이 반색하는 기사였다. 나도 처음에는 기분이 좋아 믿었었다. 그러나 아무래도 이상하여 다시 프랑스 쪽의 기사들을 검색하다 보니 Europe1에서 '놓치면 안 될 만우절 기사 셋'(trois poissons d'avril qu'il ne fallait pas rater cette année) 중 하나로 이를 올려놓은 것을 보고는 망연자실했다. KBS 기사는 누가 만든 것일까? 그 특파원도 걸려든 것일까? 아니면 알고도 가짜 기사를 퍼 나른 것일까? 전자라면 피해자고 후자라면 공범(?)이다. 그러나 만우절 기사이기에 낚였던 사람들이 봐주고 말았다.

만우절 장난, 사람들은 절대 중단하지 않을 것이다. 인간은 요한 하위징아(Johan Huizinga)의 말대로 유희적 본능을 억제할 수 없는 '호모 루덴스'(Homo Ludens)이기 때문이다. 그러나 항상 '악의 없음', 즉 선의(善意)의 장난이라는 초심을 잃지 말자!

'스승'의 의미를 새기며

가정의 달 5월의 중앙에 '스승의 날'이 있다. '스승의 날'은 스승을 존경하는 사회적 풍토를 조성하기 위해 1982년 기념일로 제정되었다. 기름 한 방울 나지 않는 우리나라에서 오직 사람을 기르는 것 이외에는 길이 없음을 깨닫고 교육에 투자하여 오늘의 대한민국을 일구어 낸 것을 생각해 보면 스승에 대한 감사를 표현하는 날 하나쯤 있는 것은 어쩌면 당연하다고 해야 하지 않을까 싶다.

스승의 날은 1963년 충남지역 청소년적십자 단원들이 '은사의 날'을 정하고 사은행사를 개최한 것이 시초로 알려져 있는데, 처음에는 5월 26일이었지만 1965년부터 5월 15일로 날짜를 변경하였으며, 1982년 국무회의에서 스승의 날을 이날로 제정한다는 내용을 의결하여 오늘에 이르고 있다.

그렇다면 5월 15일은 어떤 날이길래 스승의 날로 정해진 것일까? 이는 세종대왕의 탄신일인 (1397년) 음력 4월 10일을 양력으로 환산하여 정해진 날이다. 그런데 왜 다른 사람도 아니고 세종대왕을 스승의 전형으로 삼았던 것일까?

이는 물론 세종대왕이 우리 민족에게는 최고의 스승이기 때문이리라. '스승'이란 말은 사전에는 '자기를 가르쳐서 인도하는 사람' 혹은 '자기를 가르쳐 이끌어 주는 사람'이라고 정의되어 있다. 요컨대 '스승'은 두 가지 요건을 충족시키는 사람인데, 하나는 가르침을 주는 사람이고 다른 하나는 이끌어 주는 사람인 것이다. 즉 스승은 흔히 가르침을 주는 사람으로 인식하고 있지만, 이 정의에 따르면 그것만으로는 부족하고 거기에다 삶을 인도해 주는 역할까지 해주는 분이라는 의미까지 만족될 때 비로소 스승이라고 할 수 있다는 것이다.

세종은 무엇보다 한글을 창제한 분이다. 『훈민정음언해』는 한글의 본래 이름이 '훈민정음'(訓民正音)이라는 점을 알려 주고 있는데, 이는 백성을 '가르치는' 바른 소리라는 뜻이다. 이처럼 세종은 우리 민족을 가르치기 위한 목적으로 한글을 창제했음을 밝히고 있다. 우리가 오늘날 우리의 생각과 말을 적을 수 있도록 해주시고 이를 통해 눈부신 문화적 발전을 이룩하게 해주셨으니 이보다 더 큰 가르침을 주신 분은 없을 것이다.

그런데 1443년(세종 25년)에 창제한 이 훈민정음을 세종은 곧바로 반포하지 아니하였다. 신하들의 엄청난 반대를 잠재우느라 상당한 시간이 소요되어, 그로부터 3년 뒤인 1446년(세종 28년)에야 『훈민정음 해례본』 간행을 통하여 반포할 수 있었다. 세종은 결코 한글 창제라는 가르침에만 그치지 않았다. 한글을 만든 후 쏟아진 숱한 반대에도 불구하고 우리 민족을 '문명화'라는 올바른 길로 이끌기 위해 엄청난 고난과 역경을 극복한 것이다. 이러니 우리가 어찌 이분을 우리 민족의 스승이라 아니 하겠는가? 바로 이 때문에 우리가 세종대왕의 은혜에 감사를 드려야 하고, 바로 그러한 정신을 모델로 우리가 각자 스승의 은혜에 보답하는 날을 제정한 것이다. 그렇다면 여기에서 하나의 의문이 든다. 우리는 왜 '스승'이라는 말에 영어의 teacher나 professor, educator처럼 교육의 전문가라는 개념이 아닌, 이를 넘어서 '삶을 이끌어 주는 정신적 지도자'라는 의미를 더하여 가지고 있을까? 이를 위해 '스승'이라는 어휘의 어원을 살펴보자.

'스승'의 어원은 여러 학설이 경합을 벌이고 있는 경연의 장이다. 우선은, '중 승'(僧)에 접미사 '-님'이 결합한 '승님'에서 기원한 것으로 보는 설이 있는데, 불교 사회에서 '스님'의 기원을 설명할 수는 있으나 '스승'으로 가는 길을 설명하지 못하는 난점이 있다.

다음으로는 '스님'은 '스승 사'(師)에 접미사 '-님'을 결합한 '사님'에서 왔다고 보는 설이 있는데, 이 역시 승려를 가리키는 '스님'의 어원 설명으로는 유효하지만, '스승'으로의 음운변화를 설명하기 어렵다는 점에서 정설로 받아들일 수 없다.

셋째로는, '스승'은 '사승'(師僧)이라는 말에서 기원했다고 보는 설이다. 삼국시대부터 고려에 이르기까지 불교의 승려들을 존경했기 때문에 이들을 '사승'으로 칭했다는 점에서 그럴듯하다. 그러나 師僧이라는 분명한 한자어가 기원이라면 '스승'으로 일시적인 발음의 변이는 있을 수 있으나 대개는 원래 한자어로 복귀하기 때문에 이렇게 다른 글자로 바뀌어 고정되는 일은 흔치 않다는 점에서 설명력이 약하다.

또한 만일 '스승'이 불교의 승려를 높여 부르는 말에서 기원한 것이라면 무당(巫堂)의 뜻으로 쓰이는 것을 설명할 수 없다는 점이 난점이다. 즉 더 앞선 사용례를 설명할 수 없다는 난점이 있다. 실제로 함경도 방언에서 지금도 '스승'이 무당을 뜻하는 말로 쓰이고 있다.

현재로서 학계의 지지를 가장 많이 받는 설은 '스승'이 삼국사기에 나오는 '次次雄'(차차웅) 혹은 '慈充'(자충)이라는 차자(借字, 우리말을 적는 데 한자를 빌려 쓴 글자)와 관련이 있다는 설이다. 그러니까 처음부터

'스승'이라는 고유어(순우리말)가 존재하고 있었는데 이를 적을 수단이 당시에는 한자밖에 없어서, 발음을 한자로 적은 것이 이들인 것이다. '차차웅'과 '자충'은 '스승'과 발음이 사뭇 달라서 일반 대중이 받아들이기는 어려울 것이나, 고대국어에서 'ㅈ'(ㅊ)과 'ㅅ'의 구분이 잘 이루어지지 않았을 가능성과 모음 'ㅏ'가 'ㅡ'로 바뀌는 현상이 흔하다는 점 등을 고려해 보면 발음상의 차이가 확연히 줄어드는 것을 이해할 수 있을 것이다.(예: '사사웅' '사승' > '스승')

이상에서 알 수 있듯이, 중세국어에서 '스승'은 세 가지 뜻으로 쓰이고 있었다. 하나는 현대국어에서와 마찬가지로 '가르치는 사람'(師)의 의미였고, 둘째는 '스님'(僧)의 의미였으며, 셋째는 '무당'(巫)의 의미였다. 종교와 정치가 분리되기 이전의 고대 무속 사회에서 하늘의 뜻을 인간에게 전해 주는 역할을 하는 무당을 가리키던 말이었는데, 불교가 들어오면서 이러한 종교적 기능, 즉 불법을 전수하면서 대중을 교화하는 역할이 승려에게 돌아가면서 스님을 가리키는 의미로 확장되었다가, 조선 시대에 들어 유교가 장려되면서 요즘과 같은 선생(先生)의 의미로까지 전이된 것으로 추정된다.

바로 이러한 전통으로 인해 '스승'은 종교와 정치가 분리되기 이전의 제정일치(祭政一致) 사회를 이끌어가는 영도자의 의미를 나타내는 말이었고, 오히려 가르치는 사람의 의미는 나중에 유교 장려 이후에 획득된 의미임을 알 수 있다. 사정이 이러하니, 우리말의 '스승'은 서양의 가르치는 사람이라는 teacher 등과는 그 개념 형성의 궤를 완전히 달리하는 말이 되는 것이다. 그래서 스승은 그 그림자도 함부로 밟으면 안 되는 존경과 경외의 대상이 되었던 것이다.

바로 이러한 이유로 '스승의 날'을 정할 때 우리가 익히 알고 있는 직업적인 교육자들로 국한하지 않고 민족의 정신적 지도자 역할을 한 세종을 그 모델로 정한 것이라 할 수 있다. 그러나 요즘은 교권이 갈수록 추락하는 사례들이 많이 보이고, 교사에 대한 존경심이 날이 갈수록 떨어지고 있음을 본다. 물론 촌지와 같이 학생과 학부모에게 부담을 주는 부정적 문화가 이의 한 요인으로 작용했음을 부인할 수 없지만, 스승에 대한 존경심을 스스로 거두는 것은 분명 사회의 도덕심과 정신적 건강함을 잃어 가는 현상이 아닐 수 없어 씁쓸하다. 자원 없는 나라에서 오직 교육으로 일어선 나라이므로 사제관계는 그 원동력이었다는 점에서 의미가 있고 가치가 있는데 말이다. 사회가 너무나도 서구화해 가고 있는데, '스승'의 의미마저도 이제 단지 가르치는 전문인이라는 서구적 개념을 향해 가고 있는 것이 아닌가 생각된다. 스승에 대한 존경심, 다시 세울 수 없을까? 아니 스승의 본래의 의미, 다시 살릴 수 없을까?

놀라운 '바캉스'의 어원, 노동과 휴식의 개념

'지리했던' 장마가 끝나고 본격적인 더위가 펼쳐졌다. 너도나도 앞다투어 바캉스를 떠난다. '바캉스'(vacances)는 프랑스어에서 온 말로, 우리말에서 '피서'(避暑)나 여름 휴가의 뜻으로 널리 쓰이고 있다. 그런데 이 '바캉스'라는 단어는 프랑스어에서 단순히 '휴가'라는 뜻이어서 여름에 국한되는 말은 아니다. 다만 한국에 들어와서 '여름 휴가'로 제한된 것이다.

영어로 들어가 vacation이라는 단어를 만들어 낸 프랑스어 vacances는 본래 '비어 있음'을 뜻하는 말이었다. '일의 비움, 빈집, 빈방'을 뜻하는 영어 단어 vacancy와 그 형용사형 vacant를 생각해 보면 쉽게 이해가 가리라. 이뿐 아니라 evacuate((위험한 장소를) 비우다, 떠나다, 소개(疏開)시키다), vacuity(공허, 허무), vain(공허한, 헛된), vanity(덧없음, 허무) 등 상당히 많은 단어들이 이 바캉스와 동일한 어원에서 파생된 어휘들이다. '진공'을 뜻하는 vacuum도 마찬가지로 '비어 있음'의 개념에서 왔는데, 진공청소기를 vacuum cleaner라고 하는 것을 보면 우리의 일상생활에서도 멀지 않은 곳에서 쓰이는 개념이다.

그런데, 왜 '휴가'가 '비어 있음'에서 왔을까? 여기서 '비어 있음'은 '일이 비어 있다'는 것을 뜻하기 때문이다. 꽉 찬 스케줄 표를 보면 금방 이해가 가리라. 하루가 할 일들로 가득 차 있다는 생각을 해보면 바로 실감이 날 것이다.

한편 우리말의 '휴일'(休日)은 글자 그대로 휴식이 있는 날이다. 휴식이란 노동으로부터의 휴식을 뜻한다. 영어에서 휴일을 뜻하는 holiday는 'holy day', 즉 '성스러운 날'에서 왔다. 이는 본래 '종교 축제' 혹은 '종교적으로 보내는 날'을 뜻하였는데 14세기부터는 여기에서 종교적인 마음을 갖기 위해 일상의 노동으로부터 면제되는 휴식의 날이라는 의미가 파생되었다. 프랑스어에서 휴일은 'jour férié'라고 하는데, 이 역시 종교적인 축일(祝日)을 뜻하는 말이었다. 즉 이 단어도 holiday와 마찬가지로 종교적 의미에서 휴식을 취하는 날이라는 뜻을 나타내는 말이라 하겠다.

이처럼 휴가는 일상적 노동의 면제라는 것을 핵심 개념으로 발달하였는데, 산업혁명 이후 노동이 자본의 논리에 포섭되면서 노동시간의 장기화가 이루어지기 시작하였고, 그 이후 유럽인들은 이로부터의 자유, 즉 휴가의 쟁취와 휴가 일수의 확대를 위해 투쟁해 왔다. 그래서 그들은 휴가가 오면 철저하게 그것을 자신의 권리로써 지키고 즐긴다. 프랑스인들의 경우 오히려 여름의 한 달을 잘 놀기 위해 나머지 열한 달을 사는 사람들 같다는 평가를 받을 정도이다. 그들이 저축을 하는 것은 오직 휴가 한 달을 잘 즐기기 위해서일 뿐이라는 얘기도 한다.

프랑스에는 7월에 휴가를 떠나는 사람을 가리키는 juilletiste(쥐이에티스트, 7월인), 8월에 휴가를 떠나는 사람을 지칭하는 aoûtien(아오시엥, 8월인)이라는 단어가 있을 정도이다. 7, 8월이면 프랑스인들의 전형적인 휴가지인 지중해 연안의 남쪽 도시들로 가는 도로들이 꽉 막힌다. TV를 통해 차량으로 장사진을 이루는 모습을 심심치 않게 본다. 이들은 이처럼 철저하게 휴식을 노동의 대립 개념으로 설정하고 이 휴가를 지키기 위해 온갖 노력을 다하였다.

그러나 우리는 어떤가? 대한민국은 이와 정반대였다. 우리나라 사람, 특히 기성세대는 한마디로 너무 휴식을 지연시켜 왔다. 기성세대는 '지금은 죽어라 일하고 여가는 나중에 즐겨라!'라는 모토 아래 오직 미래를 위해 현재를 담보 잡으며 희생시키는 삶을 살아왔다. 우선 부(富)를 축적하고 나중에 휴식을 즐길 것이라는 계획으로 그렇게 했다. 그러나 나중에 반드시 고생 끝에 낙이 온다는 보장이 있는가? 먼저 노동에 집중하고 나중에 거기에서 해방되려는 계획을 세우는 것은 그 자체로 잘못된 일이었다. 삶은 노동과 휴식의 대립이 아니라, 노동과 휴식의 결합이기 때문이다. 우리는 노동이 고통인 것은 노동 자체에서 오는 것이 아니라, 여가를 즐기지 못하는 데에서 오는 것이라는 것을 몰랐다. 여가를 즐기면 노동도 즐거운 활동인데도 말이다.

유럽이나 한국이나 양쪽이 다 지나쳤다. 유럽은 너무 휴식만을 우위에 놓는 접근을 함으로써 노동의 즐거움을 놓친 반면에 한국은 지나치게 노동의 가치를 강조함으로써 휴식의 즐거움을 놓쳤던 것이다. 좀 과장해서 말하면 유럽은 노동을 죄악시하고 한국은 휴식을 죄악시했다.

노동으로 인한 스트레스가 모두 나쁜 것만은 아니다. 부정적 감정, 소진, 복수심처럼 신체에 나쁜 영향을 끼치는 스트레스인 '디스트레스'(distress)도 있지만, 긍정적 감정, 몰입, 용서와 같이 신체에 좋은 영향을 끼치는 스트레스인 '유스트레스'(eustress)도 있다. 최근의 심리학 연구에서 많이 언급된다. 적당한 일은 필요하고, 적당한 스트레스는 삶을 더 탄력적으로 만들어 주는 생명의 활력소라고. 이는 모두 유스트레스를 말하는 것인데, 결국 노동으로부터 온다. 사람은 죽기 전까지 자아실현에서 만족을 얻고 자신이 하는 일을 통해 존재의 의미를 찾는다는 점에서 노동은 우리 행복의 원천인 것이다.

스위스의 경제학자 브루노 프라이(Bruno S. Frey)는 그의 저서 『행복, 경제학의 혁명』에서, 실험 결과 소득의 상실이 가져다주는 불행보다 노동의 상실이 가져다주는 불행이 사람들에게 더욱 크게 느껴지는 것으로 드러났다고 했는데, 이는 노동이 얼마나 큰 행복의 원천인지를 보여 주는 증거라 하겠다.

결국은 균형이다. 삶은 노동과 휴식의 균형적 결합이고, 노동과 휴식의 조화이다. 이들은 상호 보완 관계이다. 각자는 서로에게 상대가 줄 수 없는 만족을 준다. 그러므로 노동과 휴식을 분리하려 하지 말고 항상 함께 가지려는 노력을 기울여야 한다. 노동과 휴식을 번갈아 할 때 여가가 꿀맛 같고, 노동도 즐거운 활동이 될 수 있다.

'고요한 아침의 나라'

우리나라를 서양에 소개할 때 흔히 '고요한 아침의 나라'(The Land of Morning Calm)라는 명칭으로 소개했다. 그런데 이것은 정말 아침이 고요해서가 아니었다.

상고 때부터 중국에서는 한반도에 자리 잡은 우리나라를 '조선'(朝鮮)이란 이름으로 불러 왔다. 고조선(古朝鮮, 단군조선, 기자조선, 위만조선) 때부터 그러했다. '朝鮮'이라는 말에서 朝는 '아침 조'이고, 鮮은 '빛날 선' 혹은 '고울 선'이다. 그러므로 글자 그대로 해석하면 조선은 '아침 해가 빛나는 나라' '아침이 맑고 고운 나라'이다. 왜 이렇게 불렀을까? 중국의 입장에서 볼 때 조선은 동쪽에 자리 잡고 있기에 아침을 먼저 맞이하며 햇빛이 빛나는 나라이기 때문일 것이다. 이때 鮮을 '고요하다'로 새길 수도 있는데, 바로 이 때문에 19세기 구한말 이래 조선은 그 한자의 의미를 직역한 '고요한 아침의 나라'(The Land of Morning Calm)로 서양에 소개가 되었던 것이다.*

그러나 대한민국은 이제 더 이상 고요한 아침의 나라가 아니다. 이제는 <기생충>과 <오징어게임>을 만들어 내는 문화강국이 되면서 세계를 호령하는 'Dynamic Korea'(역동적 대한민국)가 되었다. '역동적'이란 오

---

* 경기도 가평군에 소재한 '아침 고요 수목원'은 우리나라의 옛 이름인 '조선'을 순우리말로 풀어 쓴 것이다.

늘보다 나은 내일을 추구하는 것을 뜻한다. 이제 대한민국은 더 이상 '고요한 아침'을 여는 나라가 아니다. '역동적인 내일'을 여는 나라가 되었다.

그런데 흥미로운 점은 '내일'을 나타내는 tomorrow(투모로우)가 '아침'을 가리키는 말에서 나왔다는 사실이다. '내일'을 뜻하는 영어 단어 tomorrow는 전치사 to(at의 뜻)와 '아침'을 뜻하는 명사 morrow(모로우)의 결합으로 이루어진 말이다. 이 morrow는 다양한 어형 변화를 거쳐 현대영어의 morning(모닝)이 되었다. 요컨대 tomorrow는 '아침에'라는 뜻인데, '내일'을 왜 '아침에'라고 명명했을까? 이는 당시 사람들이 '내일'을 '(자고 일어나) 아침이 되면 오는 날'로 나타내려 했기 때문이다.

로망스어들도 마찬가지이다. '내일'을 뜻하는 프랑스어의 demain(드맹)이나 이탈리아어의 domani(도마니), 포르투갈어의 amanhã(아마냥) 등이 모두 영어의 tomorrow처럼 전치사와 '아침'을 뜻하는 명사의 결합으로 이루어진 말들이다. 독일어에서 '내일'을 가리키는 부사 mọrgen(모르겐)도 본래 '아침'을 뜻하는 명사 'der Morgen'에서 왔고 스페인어의 '내일'을 가리키는 부사 mañana(마냐나)도 '아침'을 뜻하는 명사 'la mañana'에서 왔다. 알겠다. '내일'은 '아침'에서 왔다. 그렇다면 '아침'을 뜻하는 말들은 어디에서 왔을까?

영어에서 '아침'을 뜻하는 morning과 독일어에서 아침을 이르는 말 morgen(모르겐)은 원시 게르만어(Proto-Germanic) *murganaz에서 온 말인데 이는 '해돋이'(日出, sunrise)를 뜻하는 말이었다. 이는 원시 인도유럽어(PIE) *merg-에서 온 말로 추정되는데 이의 어근 *mer-는 '빛나다'라는 뜻이었다.

프랑스어의 matin(마탱), 이탈리아어 mattina(마티나), 스페인어 mañana(마냐나), 포르투갈어 manhã(마냥) 등 로망스어에서 '아침'을 나타내는 말은 모두 라틴어 matutinum(마투티눔)을 기원으로 하고 있는데, 이는 '어머니'를 뜻하는 mater(마테르)에서 온 말이다. 우리 모두가 어머니에게서 탄생했듯이, 하루는 아침에서 탄생한다는 뜻을 비유적으로 전하고 있다. 그러니까 '아침'은 '하루의 탄생'에서 온 것이다.

그런데 이 점은 한국어도 마찬가지여서 매우 흥미롭다. 우리말의 '아침'도 하루의 '시작'을 뜻하는 말인 '앛'(앗)에서 왔기 때문이다. '아침'은 '아촘'에서 온 말인데, 이는 '시작'을 뜻하는 '앗/앛'에 접사 '옴'이 붙어 이루어진 것이다. 이르다는 뜻의 중세어의 '아젹[朝]'이나 일본어의 'asa(朝, あさ)'도 '앗/앛[始,初]'에서 나온 말로 분석된다. '아침'은 하루의 시작이라는 의미를 나타내고 있는 것이다.

인도유럽어의 경우 '빛나다'에서 (햇빛의) '해돋이'가 나왔고 여기에서 '아침'이 나왔는데, '아침'에서 다시 (아침이 되면 오는 날이라는 의미의) '내일'이 나온 것이다. 그러니까 내일은 결국 '빛'에서 온 것이라 할 수 있다.

인간은 빛이 없이 살아갈 수 없다. 빛은 사물을 볼 수 있게 해주므로 세상의 시작이요, 해를 뜨게 해주므로 하루의 시작이다. 그리고 무엇보다 내일을 가져다주는 희망의 시작이다. 더구나 경제 위기와 전염병, 기후변화, 전쟁과 같은 비상한 사태가 우리를 지속적으로 위협하고 있기 때문에 이러한 역동성은 우리에게 필수적으로 요구되고 있다. 어려운 상황이지만 최선을 다해야 한다. 그런데 과연 오늘 하루를 잘 보내면 보다 나은 내일이 올까? 올 한 해를 잘 보내면 올해보다 나은 내년이 기다리고 있을까?

아랍인들은 이럴 때 '인샬라'(ان شاء الله)라고 한다. 아랍인들은 이 말을 참 많이 쓴다. 무엇을 물어보면 그저 '인샬라'라고 답변하는 경우가 많다. '신이 원한다면'이라는 뜻인 이 말은, 된다는 얘기인지 안 된다는 얘기인지를 딱 부러지게 표현하지 않는 알쏭달쏭한 말이다.

그러나 이 말은 잘 생각해 보면 사실 너무도 분명한 말이다. 이는 요컨대 신이 원한다면 일어날 것이요, 신이 원하지 않는다면 아무 일도 일어나지 않을 것이라는 강력한 믿음을 전하는 말이기 때문이다.

즉 원하는 일이 있는데 될지 안 될지 자신이 없는 사람에게는 '잘 될 거야'라는 확신을 주고, 원하지 않는 일이 있어 걱정하는 사람에게는 '별일 없을 거야'라는 안도감을 준다. 이보다 더 좋은 덕담이 또 어디 있을까? "어차피 신이 알아서 할 문제인데 내가 굳이 걱정할 이유가 없지! 그래 나는 그저 내가 할 일을 하는 거야. 맞아." 하면서 마음도 편안해지고 적극적인 자세도 갖추어 준다. 결국 인샬라는 사람이 할 일을 역설적으로 강조한다. 사람이 열심히 하는 것이 중요할 뿐, 나머지는 신이 알아서 한다는 것이다.

'인샬라', 우리가 잘 알고 있는 삼국지의 제갈량이 한 말 '진인사대천명'(盡人事待天命)과 동일한 말이다.

왜 영어의 월(月) 이름은 숫자로 되어 있지 않을까?

영어의 월 이름은 우리나라처럼 1월, 2월, 3월과 같이 숫자로 되어 있지 않을까?

서양의 월 이름은 복잡한 역사의 산물이다. 처음부터 권위 있는 천문학자가 이론을 세우고 국가의 최고 권력자가 이를 선포하여 강제로 쓰게 한 것이 아니었다. 민간에서 전해 내려오는 것과 정부가 제정한 것들이 결합된 것이다. 이리하여 좀 복잡한 이름 체계를 갖게 되었는데, 영어의 월 이름은(영어뿐 아니라 유럽의 여러 언어에서) 크게 세 부류로 나눌 수 있다.

우선 첫 번째 부류는 로마신화에서 유래한 달 이름들이다. 과거는 농경과 종교의 시대였기에 농사에 필요한 자연환경과 이에 관한 종교적 설명인 신화를 근거로 하여 월의 이름을 정하는 것이 어쩌면 너무나 당연한 것이었다. 우선 1월에서 6월까지가 그러한데, January는 시작과 끝의 신인 야누스(Janus), February는 정화의 의식을 뜻하는 페브루우스(Februus), March는 전쟁의 신 마르티우스(Martius), April은 문을 연다는 뜻의 아프릴리스(Aprilis)*, May는 땅의 여신 마이아(Maia), June은 신들의 여왕 주니우스(Junius)에서 기원한다.

---

* 4월에 계획된 축제에는 로마 건국을 기념하는 날인 '파릴라' 축제가 포함되어 있어서 그러하다는 설이 설득력이 있다.

둘째 부류는 7월과 8월인데, July와 August는 로마의 황제를 기리기 위해 나중에 붙여진 이름이다. 셋째 부류는 동양처럼 월의 순서에 입각한 숫자로 붙여진 것들인데, 9월부터 12월이 여기에 해당된다.

그런데 마지막 부류의 숫자가 좀 묘하다. 9월의 September는 7을 뜻하는 라틴어 septem에서 유래했고, 10월의 October는 8을 뜻하는 octo에서 유래한 것이다.(8각형을 octagon이라고 하고 다리가 8개인 문어를 octopus라고 하는 것을 생각해 보면 쉽다.) 그리고 11월의 November는 9를 뜻하는 novem에서, 12월의 December는 10을 뜻하는 decem에서 유래한 이름이다.(보카치오의 『데카메론*Decameron*』이 10일간의 이야기를 모은 책이라는 점을 아는 사람이라면 라틴어 decem의 어원이 되는 그리스어 deca가 10을 의미한다는 것을 쉽게 이해할 수 있으리라.) 그리고 7월, 8월의 July와 August도 사실은 원래 각각 다섯 번째 달과 여섯 번째 달을 뜻하는 Quintilis(퀸틸리스)와 Sextilis(섹스틸리스)였다. 그러니까 가리키는 월의 숫자와 그 숫자의 의미가 둘씩 차이가 남을 볼 수 있다.

왜 이렇게 월 이름과 라틴어 단어의 의미가 일치하지 않을까? 옛날에는 농업이 모든 생활의 기본이었다. 그래서 로마 사람들은 만물이 소생하고 씨를 뿌리면서 한 해의 농사를 시작하는 봄에서 한 해가 시작하는 것으로 간주했다. 즉 지금의 3월을 한 해가 시작하는 1월로 본 것이다. 바로 이 때문에, 7월이 제5월, 8월이 제6월, 9월이 제7월과 같이 두 달의 차이가 나게 된 것이다.

그렇다면 11월과 12월은 지금의 1월과 2월에 배정되었을까? 그렇지 않다. 로마력에는 1년에 열 달밖에 없었다. 겨울은 농사를 지을 수 없는 무의미한 시간이라서 월을 명명하지 않고 내버려 두었다. 춥고 어두워서 만물이 생장을 멈추고 사람들도 특별히 식량 생산을 위해 활동할 일이 없었기에 겨울에 해당하는 달에 굳이 이름을 붙일 필요가 없었기 때문이다. 이는 겨울을 뜻하는 영어 단어 winter의 어원이 water와 같다는 점을 보아도 쉽게 이해할 수 있다. '물'을 뜻하는 water는 '물에 젖은, 습한'을 뜻하는 wet을 파생시키고 물에서 살며 주로 물고기를 잡아먹는 수달을 가리키는 otter도 파생시켰는데, 겨울을 비가 많이 오고 습한 계절(wet season)이라는 의미로 winter라고 불렀다. 우리나라와 달리 유럽에서는 겨울에 비가 더 많이 오고 습하다. 10개월이 지나고 이처럼 습하고 음울한 겨울이 오면 특별한 일이 없기 때문에 달력이 필요하지 않았던 것이다. 이로 인해 로마력은 1월과 2월이 없었고 따라서 1년이 10개월로 구성되어 있었다. 1년은 304일이고, 겨울철에 해당하는 61일이 포함되지 않았다. 이 같은 로마력(Roman calendar)은 전설적인 로마의 초대 왕 로물루스에 의해 만들어졌다고 알려졌으며, 기본적으로 달의 변화를 따르는 음력이었던 것으로 추정된다. 이것이 오늘날 서양 사회가 '달'(moon)의 모양 변화 주기를 기준으로 '월'(month)을 사용하게 된 계기가 되었다. month는 moon에서 출발하여 만들어진 단어이다.

그러나 사회와 농경 기술이 점점 발달하면서 정확한 1년을 계산하는 태양력이 필요하게 되고, 나아가 윤달의 설정에 대한 보다 정확한 체계가 필요하게 되었다. 당시의 양력 1년은 지구가 태양 주위를 공전하는 데 걸리는 시간인 1년보다 약 10일이 짧은 355일이었다. 그래서 달력을 계절과 일치시키기 위해 보통 2~3년마다 '메르세도니우스'(Mercedonius) 또는 '인터칼라리스'(Intercalaris)라는 윤달(leap month)이 추가되었는데, 이 윤달의 삽입은 로마 교황청의 결정에 따랐다. 그런데 이 제도는 너무나 쉽게 악용되어서, 예컨대 이 윤달의 추가를 제멋대로 하여 자신의 임기를 조절하는 관리가 나타나기도 했다.

결국 개혁이 불가피해졌고, 기원전 46년에 율리우스 카이사르(Julius Caesar)는 태양력을 기준으로 12개월로 구성된 새로운 달력을 제작하여 사용할 것을 명령했다. 그리고 그의 이름을 따서 '율리우스력'(Julian calendar)이라 이름 지었다. 이 달력은 365일 주기의 3년과 366일 주기의 1년(윤년)을 사용했는데, 1년이 12개월이 됨에 따라서 1월과 2월(January와 February)이 새로이 들어갔다. 그리고 이때부터 연초를 3월 1일에서 1월 1일로 만들었다.

천문학자가 아닌 율리우스 카이사르는 도대체 이러한 아이디어는 어디서 얻었을까? 그는 자신이 정복한 이집트에서 이 새로운 달력의 아이디어를 얻었다. 수천 년 전에 이집트인들은 지구의 태양 공전 궤도를 기반으로 한 달력, 즉 최초의 365일 태양력을 이미 고안해 갖고 있었던 것이다. 그는 이집트의 시스템을 채택했지만 달의 이름은 로마 달력의 이름을 그대로 사용했다.

불행히도 카이사르는 기원전 44년 3월 15일에 암살되는 바람에 율리우스력의 안착을 보지 못했지만 달력의 개혁이라는 엄청난 과업을 이룩했다. 율리우스력은 기원전 45년 1월 1일에 발효되어 1582년 교황 그레고리가 추가 개혁을 시행하여 오늘날 우리가 쓰는 그레고리력(Gregorian calendar)이 나올 때까지 1600년 동안 유럽 전역에서 지배적인 달력으로 쓰였다.

JULY와 AUGUST—시간에도 이름을 남긴 권력자들

인간을 자연의 일부로 보는 동양인들과 달리 서양인들에게 인간은 자연과 대립하는 우주의 중심이다. 서양인들은 문화를 인간이 자연에 대해 도전하여 이루어 낸 성과로 생각하는 경향이 크기 때문이다. 그래서 인간이 행한 많은 성과물에 그것을 발견하거나 발명한 사람의 이름을 즐겨 붙인다. 어떤 사람이 창업한 기업이나 만든 발명품, 브랜드 네임은 물론이고 발견한 땅이나 우주의 행성, 자연 현상, 화학 원소, 심지어 병(病)에 이르기까지 사람의 이름을 붙인다. 이같이 못 말리는 인간 중심 사상은 이러한 대상들을 넘어서 시간의 단위에까지 인간의 이름을 붙이는 지경까지 이르는데, 이것이 7월과 8월을 가리키는 July와 August이다.

기원전 44년 로마 원로원은 문제가 많았던 로마력을 개혁한 율리우스 카이사르(Julius Caesar, 영어 발음으로는 '줄리어스 시저')의 업적을 기리기 위해 월 이름 하나에 그의 이름을 붙이기로 했다. 원로원이 선택한 달은 7월(당시 로마력의 5월)이었는데 이는 그의 생일이 7월 12일이었기 때문이다. 그래서 '퀸틸리스'(Quintilis (mensis), 다섯 번째 (달))를 그의 이름인 '율리우스'(Julius, 영어 발음으로는 '줄리어스')로 개명했다. 이것이 오늘날 영어의 July(줄라이)가 되었다. 앞글에서 설명했듯이 로마력에서는 한 해가 1월이 아니라 3월로 시작했으므로 오늘날의 7월이 다섯 번째 달이었기 때문이다. 그런데 안타깝게도 카이사르 자신은 생전에

단 한 번의 '율리우스'(July)를, 기원전 45년 첫 번째 7월만을 즐길 수 있었고 이듬해 3월에 암살되었다.

카이사르의 완전한 이름은 '가이우스 율리우스 카이사르'(Gaius Julius Caesar)인데, 여기서 맨 앞의 Gaius는 이름(praenomen, private name)이고 맨 뒤의 카이사르(Caesar)는 성(姓, family name)에 해당한다. 중간의 '율리우스'(Julius)는 씨족명(nomen, clan name)으로 카이사르 가문을 포함한 씨족을 나타내는데, 이는 라틴어로 유피테르(Jupiter). 영어로 '주피터'로 알려진 로마신화 최고의 신이다. 그리스신화로 따지면 제우스(Zeus)에 해당하는 신 중의 신으로서, 이런 고유명사를 씨족명으로 삼았다는 것은 그들 스스로가 '유피테르의 자손'이라는 뜻을 드러내기 위한 것이다.

이렇게 의미가 좋으면서 카이사르를 배출한 씨족이기 때문에 Julius(율리우스)는 유럽 전역으로 퍼져 나가며 여러 언어권에서 다양한 형태의 이름을 파생시켰다. 영어의 Julius(줄리어스), Julian(줄리안), 프랑스어의 Jules(쥘), Julien(쥘리엥), 이탈리아어의 Giulio(줄리오), 스페인어의 Julio(훌리오), 독일어의 Julius(율리어스), 러시아어의 Юлий(Yuliy, 유리) 등이 그러하고, 여성 이름에서도 Julia(줄리아), Juliet(줄리엣), 프랑스어의 Julie(쥘리), 이탈리아어의 Giulia(줄리아), 스페인어의 Julia(훌리아), 독일어의 Julia(율리아), 러시어어의 Юлия(Yuliya, 율리아) 등을 들 수 있다.

로마의 역사를 통해 카이사르 다음에 또 한 사람의 인물을 들라고 하면 당연히 아우구스투스일 것이다. 카이사르가 죽은 후 그의 손자이면서 양아들인 가이우스 율리우스 카이사르 옥타비아누스(Gaius Julius

Caesar Octavianus)가 기원전 31년에 마크 안토니우스와 클레오파트라를 물리치고 권력을 장악했다. 기원전 27년에는 로마제국 최초의 황제로까지 즉위하면서 원로원으로부터 아우구스투스(Augustus)라는 칭호를 부여받았는데, 이는 '존엄한 자'라는 뜻이다.

카이사르에 이어 또 한 명의 절대 권력이 탄생하자, 원로원은 그에게 경의를 표하기 위해서인지, 혹은 아부를 하기 위해서인지는 모르겠지만, 아무튼 카이사르처럼 아우구투스의 이름을 월의 이름에 붙일 것을 의결했다. 당시 로마력 5월(오늘날의 7월)은 이미 율리우스의 이름을 따서 바꾸었으니 6월인 섹스틸리스(Sextilis)가 그 대상이었다. 사실 그달은 많은 승리를 했던 달이었고, 또 이집트를 로마의 영토로 편입한 달이기도 했으니 명분도 있었다. 이렇게 하여 8월은 카이사르에 이은 또 하나의 절대 권력자인 아우구스투스에 의해 이름이 August로 바뀌었다.

그렇다면 이후에는 월의 이름에 다른 황제들의 이름을 넣는 일이 시도되지 않았을까? 인간이 권력에 기대는 경향은 고쳐지는 일이 아니라서 이후에도 시도가 있었다. 한동안 5월은 클라우디우스로 바뀌었고 악명 높은 네로는 4월에 네로니우스를 제정했다. 하지만 이러한 변화는 일시적인 것이었고, 로마 통치자 중 자신의 이름을 딴 달을 영구적으로 가진 사람은 카이사르와 아우구스투스뿐이었다.

'한가위'와 '보름달'의 어원을 아시나요?

추석의 상징은 뭐니 뭐니 해도 보름달이다. 밝게 빛나는 커다란 보름달을 보면 마음도 풍성해지고 소원을 빌면 꼭 이루어질 것도 같다.

그렇다면 우리말 '보름달'의 '보름'은 무슨 뜻일까? 심심풀이 퀴즈로 풀어 보자.

①가득참 ②한가운데 ③밝음 ④바람(희망)

우선 '①가득참'은 여러 언어의 지지를 받는다. 실제로 한자어에 '가득 찬 달'이라는 뜻의 '만월'(滿月)이라는 단어가 있고, 이는 '마뉴에'(mǎnyuè)라는 발음으로 현대중국어에도 존재한다. 또한 일본어에도 '만게츠'(まんげつ)라는 말이 있는데 역시 같은 뜻이고 '滿月'로 표기된다.

서양에서도 마찬가지이다. 영어에서는 보름달을 '가득 찬 달'이라는 뜻의 full moon이라 하고, 프랑스어의 pleine lune, 스페인어의 luna llena, 독일어의 Vollmond, 러시아어의 полнолуние 모두 가득 찬 달이라는 뜻이다. 이처럼 많은 언어권에서 이 같은 의미로 보름달을 개념화하고 있으니 ①을 정답으로 선택한 사람들은 매우 자연스러운 생각을 한 것이다. 어쩌면 외국어 실력이 출중한 사람일지도 모른다. 그러나 이러한 추정은 한국어에는 적용되지 않는다. 불행히도 우리말의 '보름'은 그런 뜻에서 파생되지 않았기 때문이다.

다음으로 '②한가운데'는 어떠한가? 이것도 매우 매력적인 설명이 될 듯하다. 왜냐하면 이렇게 되면 보름달은 '한 달 중 한가운데에 뜨는 달'을 뜻한다고 해석할 수 있기 때문이다. 즉 15일에 뜨는 둥근달. 사실 초하루부터 15일째 되는 날을 보름날이라고 하며, 또 우리는 15일의 기간도 '보름'이라 하지 않는가?

그러나 이 그럴듯한 해석도 역시 '보름'의 어원을 이루지는 않는다. 이는 '보름'이 아니라 '한가위'의 어원이 된다. 한가위는 음력 8월의 보름달을 이르는 말인데, 여기서 '한'은 '큰[大]'이라는 뜻이고 '가위'는 신라의 '가배'(嘉俳)에서 유래한 말로 현대 한국어의 '가운데[中]'라는 뜻에 해당한다. 우선 '한'이 '큰'을 뜻하는 예는 '한길, 한낮, 한밤, 한숨' 등에서 찾아볼 수 있고, '할아버지' '할머니'도 '큰-아버지' '큰-어머니'에서 비롯된 것이라 할 수 있으니 그 예가 풍부하다. '가배'는 가운데를 뜻하는 어근 '갑'에 접사 '이'가 붙은 형태에서 음운변화를 거쳐 ㅂ이 탈락하고 '가외'를 거쳐 '가위'가 되었다. 이 어근 '갑'에 어미 '온'이 오고 현대국어의 장소 '데'를 뜻하는 'ᄃᆡ'가 결합되어 '가ᄫᆞᆫᄃᆡ'가 형성된 뒤 '가온ᄃᆡ'를 거쳐 오늘날의 '가운데'가 된 것으로 추정하고 있다. 현대어에서는 가운데를 뜻하는 경상도 북부지역의 사투리 '가븐데'에서 그 흔적을 찾을 수 있다.

요컨대 '한가위'는 8월의 한가운데에 있는 큰 날, 즉 음력 팔월 보름날이란 뜻이다. 중국에서 가을인 음력 7, 8, 9월 중 추석에 해당하는 8월이 가을의 중간이기 때문에 '중추'(仲秋 또는 中秋)라고 불렀는데, 이로부터 추석을 이르는 말인 '중추절'(中秋節)이 나왔다. 그리고 보름달이 뜨는 8월 15일은 이 중 달빛이 가장 밝은 날이라 '월석'(月夕)이라 하였는데, 이 '중추'와 '월석' 등이 합쳐져 '추석'(秋夕)이 되었다. 글자 그대로 해석하

면 '가을 저녁'이 되므로 추석은 가을 저녁 중에서는 가장 달빛이 밝은 날이라는 의미로 자연스럽게 다가온다. 찹쌀로 만든 얇게 구운 과자 껍질로 팥소를 감싼 일본식 과자 '모나카'는 일본어로 '最中'(もなか), 그러니까 '한가운데'라는 뜻, 즉 '한가위'에 해당한다. 과자 모양이 한가위의 보름달처럼 둥글다고 해서 붙인 명칭이라 한다.

좀 길게 이야기했지만, 아무튼 ②번의 '가운데'는 '한가위'의 어원일 뿐, '보름'의 어원이 아니어서 정답이 아니다.

그렇다면 '보름'은 어디서 왔을까? 여기에는 두 가지 학설이 있다.

먼저 '밝다'의 명사형 '밝음'에서 왔다는 설이 있다. '불'(火)에서 색깔을 나타내는 '붉다'와 밝기를 나타내는 '밝다'가 파생되었다는 것이다. 불은 기본적으로 붉은색이니 '불'에서 '붉다'라는 형용사가 나온 것은 매우 자연스러운 현상이다. 또한 붉으면 밝은 것이므로 '붉다'와 함께 이와 유사한 의미인 '밝다'가 파생된 것 또한 매우 자연스럽다.

그러니까 '보름'은 '밝다'의 명사형 '밝음'에서 왔다는 것이다. 사실 차고 기우는 달의 모습 중에서 가장 밝은 것이 보름달이므로 쉽게 이해가 된다. 요컨대 '보름달'은 '밝음달'에서 왔다는 설이다. '③밝음'은 이 학설에 의해 충분히 지지된다.

다른 하나는 무엇인가를 희망한다는 뜻을 가진 '바라다'의 명사형 '바람'(望)에서 '보름'이 왔다는 설이다. 보름달을 한자어로 만월(滿月)이라고도 하지만, '망월'(望月)이라고도 한다. '망월동 국립묘지'의 예도 그것이다. 또한 보름달이 뜬 날, 즉 15일을 '望日'(망일)이라고 하는 것에서 이를 확인할 수 있다. 이를 근거로 많은 국어학자들이 '보름'이 '바람'에서 기원했음을 주장하고 있다.

사실 팔월 보름날, 즉 추석날에 하는 가장 중요한 행사가 송편을 빚고 다양한 음식을 준비하여 차례를 지내는 일인데, 이 제사라는 것이 조상님들에게 풍요에 대한 우리의 바람을 전하는 행사가 아니겠는가?

보름날, 즉 '바람-날'은 온 마을, 온 나라가 한해 농사의 수확을 보는 날이어서, 수확한 곡식의 양이 최고치에 이르러 한해 가운데 가장 풍요로운 날이 되기 때문에 이러한 풍요가 미래에도 지속적으로 이어지기를 바라는 행사를 하는 최적의 날인 것이다. 바로 이 때문에 우리 조상들은 늘 '더도 말고 덜도 말고 한가위, 즉 추석날만 같아라'라고 기원했다. 농경사회에서는 수확의 풍요가 연중 최고의 바람이라는 점에서 '보름'은 '바람'의 의미에서 출발한 것임에 큰 설득력이 있다.

한편 추석 말고 또 다른 중요한 보름날로 바로 음력 정월 대보름이 있다. 이날 땅콩, 호두, 잣, 밤, 은행 등을 먹는 풍습이 있는데, 우리는 이 견과류를 '부럼'이라고 칭한다. 학자들에 따라서는 이 '부럼'도 일 년 내내 건강상의 '밝음'을 기원하기 위해 먹는 것인 만큼 여기에서 기원하는 말로 추정하고 있다. 이러고 보면 ④에 정답의 무게가 실린다.

'밝음설'과 '바람설', 두 학설 모두 좋다. '밝은 달'이면 마음이 밝아져서 좋고, '바람 달'이면 소원을 바랄 수 있어서 좋으니까. 하지만 나는 후자에 조금 더 끌린다. 왜 추석이면 사람들이 '보름달'을 보고 소원을 비는 풍습이 있는지까지도 설명해 주기 때문이다.

그래서인지 나는 보름달을 그냥 '본다'고 하면 좀 밋밋하고 '바라본다'고 해야 제격이라고 생각한다. '바라보다'는 '바라다'와 '보다'가 결합하여 형성된 말로, 바라면서 보는 것이다. 그래서 그대를 보는 것과 그대를 바라보는 것에는 큰 차이가 있다. 눈망울의 깊이가.

크리스마스, 메시아, 예수, 노엘의 어원

'성탄절'(聖誕節)로 번역되는 '크리스마스'(Christmas)는 무슨 뜻일까?

영어의 Christmas는 고대영어 crīstes mæsse에서 온 말인데 이는 '예수 그리스도'를 뜻하는 cristes에 '미사'를 뜻하는 mæsse가 합성하여 이루어진 어휘이다. 흔히 X-mas로 표기되기도 하는데, 여기서 X는 Christ의 그리스어 Christós, 즉 Χριστός의 머리글자이다. 이는 라틴어에서 Christus(크리스투스)로 표기되었고, 포르투갈어에서는 Christo(크리스토)로 표기되었는데 이것이 한국어 표기 '그리스도'의 기원이 되었다.

그런데 '크리스마스'는 민간에서 '성탄절'로 불리고 있지만 사실 정부의 공식 문서에서는 '기독탄신일'로 되어 있다. 그렇다면 여기서 '기독'은 무엇을 말하는가? 당연히 '그리스도'를 일컫는 것인데, 이는 '그리스도'의 중국어식 음역어인 '기리사독'(基利斯督)의 첫 글자와 끝 글자를 따서 만든 줄임말이다. 17세기 가톨릭의 '파리외방전교회'(Mission Etrangère de Paris) 소속의 선교사 바세(J. Basset)가 작성한 문서에 처음으로 '기리사독'이 사용되었으며, 이후 중국어 성서에서 약칭인 '기독'을 사용하는데, 이를 차용하여 한국교회에서 현재까지 사용하고 있는 것이다.

그런데 예수 그리스도(Jesus Christ)는 사실 나중에 붙여진 이름이고, 처음에는 '요셉의 아들 예수'(Jesus son of Joseph) 혹은 '나사렛의 예수'(Jesus of Nazareth)라고 불렸다. 지금처럼 성(姓)이 없던 시대에 인류는 이름만으로는 동명이인을 구분하기 어려워 다양한 방법을 동원했는데, 가장 대표적인 방법이 이름 뒤에 '누구의 아들'이라는 부칭(父稱, patronym)을 붙이거나, 출신지의 이름을 붙이는 것이었다. 당시 유대인들도 예외가 아니어서 이렇게 불렀던 것이다. 나사렛은 이스라엘 북부에 위치한 큰 도시로서 예수의 고향이다.

한편 부칭과 출신지명 외에 흔히 동원하던 방법이 있었는데, 이는 그 사람의 신체적이거나 정신적인 특징을 부여하는 것이었다. 이렇게 해서 나온 것이 '예수 크리스트'(Jesus the Christ)이다. 앞서 Christ는 그리스어 Christós에서 온 말이라고 했는데, 이는 사실 히브리어 mashiah(마시아흐)에서 기원한 말로서, 후에 라틴어에서 messiah(메시아)가 되었다. 그러니까 Christós는 '기름 부음을 받은 자'(Jesus the Anointed)라는 뜻의 히브리어 mashiah(메시아)를 번역한 그리스어로서, '기름을 붓다'라는 뜻의 그리스어 khriein의 과거분사이다.

그렇다면 여기서 '기름 부음을 받은 자'란 무엇을 의미하는가? 당시 유대인들은 속박받고 있는 자기 민족을 구원해 줄 것으로 기대되는 사람, 즉 '구세주'를 가리키는 칭호로 이 말을 썼다. 그런 사람이라면 당연히 매우 값비싼 향유를 몸에 부어 줄 가치가 있는 사람이기 때문이다. 승자에게 월계관을 씌워 주는 것과 마찬가지이다. 그러므로 Jesus Christ(예수 그리스도)는 '구세주 예수'(Jesus the Messiah)라는 뜻의 이름이 된다.

그렇다면 '예수'라는 이름은 어떻게 붙여진 이름일까? 이는 히브리어 Yeshua에서 기원하는데, '여호와'를 뜻하는 Yah와 '돕다, 구원하다'라는 뜻의 Iashia가 결합한 말로 분석된다. 곧 '신이 돕는다, 하느님이 구원하신다'라는 뜻이다. 이것이 그리스어에서 'Ιησους(예수스)가 된 후 라틴어 Jesus(예수스)에 이르렀다.

주지하다시피 서양인의 이름은 대개 기독교 성인들의 이름을 딴 것이다. 예컨대 영어권의 John(존)과 프랑스어권 Jean(장)은 Johan(요한)에서 온 것이고, Paul(폴)은 '바울'에서, Matthew(매튜)는 '마태'에서, 영어권의 Mary(메리), 프랑스어권의 Marie(마리), 스페인어권의 María(마리아) 등은 성모 마리아에서 온 것이다. 그런데 Jesus(지서스)만큼은 영어권에서는 쓰이지 않는다. 다만 스페인어권에서는 Jesús(헤수스)가 남자 이름으로 흔히 쓰인다.

한편 '크리스마스'는 영어권을 벗어나 로망스어권으로 가면 전혀 다른 단어가 된다. 이탈리아어에서는 Natale(나탈레), 포르투갈어에서는 Natal(나탈), 카탈로니아어에서는 Nadal(나달), 스페인어에서는 navidad(나비닷), 프랑스어에서는 Noël(노엘)이다. '즐거운 성탄'도 프랑스어 'Joyeux Noël'(주아외 노엘), 이탈리아어 'Buon Natale'(부온 나탈레), 스페인어 'Feliz Navidad'(펠리츠 나비닷)이다. 이들 언어의 크리스마스는 모두 '탄생'을 뜻하는 라틴어 형용사 natalis(나탈리스)로부터 파생된 어휘들이다. 여기서 '탄생'이란 다름 아닌 '예수의 탄생'을 의미한다. 프랑스어로 '탄생'은 naissance(네상스)인데, '재탄생'은 여기에 're-'를 붙여 renaissance(르네상스)가 된다. '순진하다'라는 뜻의 영어 단어 naive(나이브)도 라틴어 natalis에서 기원한 프랑스어 naïf(나이프)의 여성형에서 왔는데, 이는 갓 태어났기 때문에 세상 물정을 몰라서 순진하다는 뜻을 의미한다.

흔한 여자 이름 Natalia(나탈리아), Natalie(나탈리), Noelle(노엘) 등은 모두 예수의 탄생을 뜻한다. 테니스 스타인 라파엘 나달(Rafael Nadal)은 스페인 마요르카(Mallorca)섬에서 태어났는데 이곳이 카탈로니아어를 쓰는 지역이라 예수의 탄생을 뜻하는 Nadal을 성(姓)으로 가지게 된 것이다. 아르헨티나의 축구선수 리오넬 메시(Lionel Messi)의 성 Messi도 구세주 Mesías(메시아스)에서 온 말이다. 메시나 나달이나 성이 모두 구세주 예수라는 뜻이다. 맞다. 스포츠 분야에서 그들이 그 국민들의 구세주이니까.

여기서 잠시 독일어를 살펴보면, 독일어의 '성탄절'도 예수의 탄생 개념에서 나왔다. 독일어 Weihnachten(바이나흐텐)은 'ze wîhen nachten'에서 온 말로 영어로 하면 'in the holy nights', 즉 '거룩한 밤'이라는 뜻이다. 여기에서 wîhennachten 를 거쳐 Weihnachten이 된 것이다.

지금까지 그리스도에 대해 알아보았으니 이제 Christmas의 뒷부분인 mas에 대해서도 알아보자. 앞에서 이 말은 '미사'를 뜻한다고 했다. 그러나 '미사'는 결코 처음부터 '예배'를 뜻하는 말이 아니었다. missa는 본래 '(사람을) 보내다, (모임을) 해산시키다'를 뜻하는 동사 mittere의 여성형 과거분사이다. 그런데 예배를 위한 모임이 끝날 때마다 신부님이 라틴어로 'ite, missa est'(이테 미사 에스트, '가세요, 해산되었어요'라는 뜻)라고 했기 때문에, 모임의 끝 단계인 '해산'을 뜻하는 missa(미사)를 모임 자체, 즉 '예배'를 가리키는 말로 쓰게 된 것이다. 이처럼 끝 단계의 행위를 전체 행위를 가리키는 말로 쓰는 예가 종종 있는데, 대표적인 예가 '화장실'(toilet)이다. 용변을 보는 행위를 마치면 손을 씻고 옷매무

새를 정돈하고 화장을 고치는데, 이처럼 용변을 보는 장소를 마지막 단계의 행위를 하는 장소로 명명한 것이다. 벤치클리어링(bench-clearing brawl)도 마찬가지인데, 야구나 아이스하키 같은 단체경기에서 선수들 간에 시비가 붙어 양 팀 선수 전원이 필드에 나와서 난투극을 벌이는 상황을 말한다. 이때 전 선수가 나가면 벤치(덕아웃)가 다 비기 때문에 맨 마지막의 국면으로 전체의 행위를 가리키는 사례가 된다.

한편 mittere(보내다)로부터 명사형 missionem(보냄, 파견)이 파생되었는데, 이로부터 프랑스어와 영어의 mission이 생겨났다. mission은 처음에는 파견 가운데 특히 외국으로 가서 하는 '전도'나 '포교 활동'이라는 종교적 의미를 뜻하는 말로 주로 쓰였다. 이는 곧 외국으로 파견된 포교단이나 (외교적 목적의) 사절단이라는 의미로 확장되었고, 한발 더 나아가 '외국으로 파견되는 사람에게 맡겨지는 것', 즉 '임무'라는 뜻으로도 쓰이기 시작하였다. 이렇게 보면 mittere는 과거분사인 missa(미사)를 통해 행위의 끝인 '해산'으로 행위 전체인 '예배'를 가리키게 되었지만, 명사형 mission(미션)은 행위의 시작인 '파견'으로 행위 전체인 '임무'를 가리키게 된 역설을 보인다.

요약하면 우선 '보내다'를 뜻하는 동사의 과거분사 '미사'가 예배가 끝난 뒤 사람들을 보내야 하다 보니 해산을 뜻하는 말로 쓰였는데, 이로부터 모임 자체, 즉 '예배'의 뜻으로 확장되었다. 한편 '보내다'의 명사형 '파견'은 외국에서의 '포교'를 거쳐 선교단과 외교 분야의 사절단을 가리키게 되었고 결국 종교적, 외교적 영역에서 벗어나 단지 '맡겨진 임무'라는 뜻을 갖게 되었다.

앞에서 우리는, 성탄절을 영어에서는 죽음을 통해 세상을 구원한 '구세주'(그리스도)의 의미로 표현하지만, 프랑스어, 스페인어 등의 로망스어에서는 예수의 '탄생'으로 표현하고 있음을 보았다. 이 또한 한쪽에서는 죽음으로, 한쪽에서는 탄생으로 의미를 서로 다르게 구현한다는 점에서 역설이다. 마치 '미사'와 '미션'에서의 역설처럼.

그리고 이렇게 해서 크리스마스의 어원을 설명하는 나의 '미션'은 끝났다. 이제 '미사'(해산)이다!

'굿바이'가 약자일 줄이야

해가 바뀔 때마다 작별을 고하는 의미로 쓰는 외래어가 있다. '2022년이여, 아듀!' 할 때의 '아듀'이다. 이는 프랑스어 Adieu(아디외)를 발음하기 쉽게 바꾼 말인데, 이는 'à Dieu'(아 디외)에서 온 말이다. 영어로 하면 'To God', 즉 '신(神)에게'라는 뜻인데, 좀 더 정확하게 말하면, '신에게 당신을 맡긴다'는 고대프랑스어 'a Dieu vos comant'에서 온 말이다.

한편 스페인어 작별인사 '아디오스'(Adiós)도 마찬가지 의미 구성이라는 점에 주목해 보자. Adios도 'a Dios'(신에게)에서 온 말이다. 스페인어의 Dios를 쉽게 기억하는 방법이 있다. 모 회사의 냉장고 이름 '디오스'가 Dios이기 때문이다. 아마 냉장고 계의 '신'(神)이 되기를 기원한다는 뜻으로 그렇게 명명하였으리라.

그런데 이 Dios는 라틴어 데우스(Deus)에서 기원한 말이다. 혹시 '데우스'를 모르는 사람은 몇 해 전에 공전의 히트를 친 베스트셀러 유발 하라리의 '호모 데우스'를 떠올리면 된다. 여기서 '호모'(homo)는 '인간', '데우스'(Deus)는 '신'(神)을 뜻하는 것이다. 즉 신으로서의 인간, 신이 되기를 원하는 인간이라는 의미를 담고 있다.

로망스어, 즉 라틴어에서 기원한 다른 여러 언어에서도 '데우스'의 흔적을 볼 수 있다. 포르투갈어에서는 라틴어와 동일하게 '데우스'(Deus)이고, 이탈리아어에서는 '디오'(Dio)이다. 그리고 라틴어 '데우스'(Deus)

는 고전 그리스어에서는 '제우스'(Zeus)이다. 신들 중의 신 '제우스'도 데우스와 어원을 공유한다.

그리고 이 언어들의 작별인사도 '아듀' '아디오스'와 마찬가지 방식으로 이루어져 있다. 즉 신을 뜻하는 말 앞에 to에 해당하는 전치사 A를 붙인 구성이다. 포르투갈어 Adeus(아데우스), 이탈리아어 Addio(아디오)가 그러하고 언어계통이 다른 스웨덴어 Adjö(아이외)도 동일한 것이 특이하다.

이상 여러 언어의 작별 표현들은 헤어질 때 신에게 자신의 안위를 맡기겠다는 뜻으로, 다시 말해 작별 후 귀가할 때까지 신의 가호(加護)를 비는 의미에서 생겨난 것이다. 반면에 만물을 주관하는 유일신(神)을 믿지 않았던 우리 선조들은 헤어질 때 신에게 부탁하지 않고 우리가 직접 상대에게 안전 귀가와 안녕을 기원했다. "잘 가." "안녕히 가세요."라고.

그런데 '아듀'를 쓸 때 주의해야 할 것이 있다. 현대 프랑스어에서는, 일부 지역(아키텐느, 옥시탄느, 사부아 등의 지역과 스위스 같은 곳)을 제외하고는, 이 '아듀'(Adieu)가 뜻이 변해서 영원한 작별, 혹은 상당한 기간 보지 못하는 경우의 작별을 할 때만 쓰인다는 점이다. 즉 죽은 친구를 눈물로 보내거나 먼 곳으로 이민을 떠나는 친구한테나 쓰는 것이 되었다. 그러니까 단순히 '안녕히 가세요'라고 말할 일반적인 상황에서 썼다가는 '나는 당신을 더 볼 일이 없을 것이다'라는 의미를 내포하게 되어 상대로부터 큰 오해를 받게 될 수도 있다. 물론 올해 사업이 너무 잘 되어서 계약 한 건을 가볍게 파기하고 싶다면 딱 좋은 표현이다. 혹은 거래처가 너무 많아 관리하기 힘드니 하나 정도 정리하고 싶다면 이보다 좋은 표현이 없다. '아듀 xx통상' '아듀 xx건설'과 같은 식으로 쓰면 될 것이다.

영어에서도 이러한 경우 격식체이기는 하지만 'I bid you adieu.'라고 하는데, 이런 경우 프랑스어에서 도입한 adieu를 그대로 쓰는데 발음은 '어듀'이다. 포르투갈어에서도 Adeus는 프랑스어와 비슷하게 오랫동안 못 보게 되는 상황에서 쓰인다. 일상적인 헤어짐, 즉 단순히 '안녕히 가세요'라고 할 때는 '차우'(Tchau)라고 한다. 이탈리아어 Addio(아디오)도 토스카니 지역을 비롯한 여러 지방에서 오랜 작별을 할 경우에만 쓰이지만, 기타 지역에서는 일상적인 헤어짐의 인사로 쓰인다.

그렇다면 영어에서는 작별인사를 어떻게 표현하고 있을까? 우리가 잘 알고 있는 'Good bye'(굿바이)는 'God be with ye', 즉 신이 당신과 함께 있을 것이라는 표현에서 기원한 것이다. 여기서 마지막의 ye는 you의 고어형이다. 1570년대의 문헌에 Godbwye가 나타나는데, 뒷부분은 'be with ye'의 머리글자를 딴 것이다. 그리고 본래는 God(神)이었는데, 이후 관용적으로 쓰이면서 본래의 의미가 약화되고 'Good-day'나 'Good evening'과 같은 표현에 영향을 받아서 Good으로 바뀌었다.

여전히 그 의미를 잘 알고 있는 'See you (again)!'와 달리, 'Good bye!'는 본래의 의미를 잃어버리고 '잘 가'라는 흔한 작별인사로 쓰이다 보니 그 기원을 아는 사람이 거의 없다. 아무튼 대부분의 서양어는 신에게 당신을 맡긴다는, 돌아가는 길에 신의 가호를 빈다는 의미에서 온 것으로 정리해 볼 수 있다.

한 해를 떠나보내야 할 때, '아듀'라고 해야 할까? 아니면 '굿바이'라고 해야 할까? 이미 지난 시간은 다시 돌아오지 않으므로 우리와는 영원한 이별을 하게 된다. 그러므로 잠시의 헤어짐을 위해 사용되는 '굿바이'가 아니라 '아듀'라고 해야 할 것이다.

그러나 사람과 이별할 때는?

'해'가 만든 단어를 아시나요?—'희다, 밝다' '동쪽' '새롭다'

새해가 오면 많은 사람들이 동해안에 가서 해돋이를 보고, 또 어떤 이들은 산 정상에서 일출을 맞이한다. 여러 사람과 함께 일출을 보면서 산과 바다의 기(氣)를 받아서 벅찬 감동에 '야호' 하면서 크게 함성을 지른다.

따뜻한 집에서 새해를 맞이한 사람들은 왜 저렇게 많은 사람들이 엄청난 추위에도 불구하고 산 정상이나 바다에 첫날 해돋이를 보러 갈까 하고 의문을 표한다. 그리고 새해에 뜨는 해도 사실은 매일 뜨는 그 해인데 왜 굳이 그것을 새로운 해라고 할까? 그리고 어디서든 새해의 소원을 빌 수 있는데 왜 굳이 해돋이를 보면서 새해의 희망과 소망을 빌까?

우리가 '해'가 바뀌었다, '해'를 넘긴다, 한 '해'를 잘 마무리한다, 새로운 '해'를 맞는다 등과 같이 표현할 때의 '해'는 '연'(年, year)을 뜻하는 말이다. 그런데 이 '해'라는 말은 '태양'을 가리키는 '해'에서 왔다. 1년이 지구가 '해'(태양 sun)를 한 바퀴 도는 데 걸리는 시간이기 때문이다.

이 '해'는 우리말에서 많은 어휘를 파생시켰다. 첫째, 흰색을 나타내는 형용사 '희다'(白)가 '해'에서 온 말이다. '해'(태양)의 고어형 'ᄒᆡ'에서 'ᄒᆡ다'가 나온 것이다. 흰색을 보고 해의 색깔이라고 표현한 것이다. 흰색을 해에서 나오는 빛과 비슷한 빛깔이라고 생각했기 때문이다.

'희다'에서 '희끗희끗', '희나리'(채 마르지 아니한 장작), '희아리'(조금 상해 말라서 희끗희끗하게 얼룩이 진 고추) 등의 말이 파생되었다. 티

없이 깨끗하다는 뜻의 '해맑다'가 비슷한 말로 '희맑다'를 가지고 있음을 보아도 '해'와 '희'의 관계가 잘 알 수 있다.

앞이 탁 트여 넓고 시원하다는 뜻의 '훤하다'도 '해'에서 나온 말이다. '밖이 훤하다. 앞길이 훤하다'와 같이 쓰는데, 태양처럼 밝은 것이 또 어디 있으랴 생각해 보면 적절한 비유라 아니할 수 없다. 막힘없이 깨끗하고 시원스럽다는 뜻의 '훤칠하다'도 '해'에서 왔다. 머리카락이나 수염 따위의 털이 희어진다는 뜻의 '(머리가) 세다'도 '해'('히-')가 '새-/세-'로 구개음화된 것이다. 물론 '새치'도 마찬가지이다.

'ㅎ'이 'ㅅ'으로 바뀌는 구개음화는 '형님'을 '성님'으로, '힘'을 '심'으로 발음하는 예에서 볼 수 있는데, 중세어 '혜다'(算數)가 '세다'로 바뀐 예도 대표적인 예로 볼 수 있다. 현대국어에서는 '(돈을) 세다'를 '(돈을) 헤아리다'로 하는 경우에서도 확인할 수 있다.

'날이 새다'의 '새다'도 날이 하얗게 된다는, 즉 날이 밝는다는 뜻으로 역시 '희다'가 '새다'로 구개음화된 결과를 보여 준다. '(눈이) 시다, 부시다'도 '희다'가 '시다'로 바뀐 결과를 보여 주고 있다. 흰색(白, 素)을 뜻하는 일본어 '시로'도 우리말과 어원이 같다. 당구 칠 때 '히로(시로)가 났다' 혹은 '히로(시로)가 될 게 뻔하다'라고 하는 표현을 생각해 보면 쉽다.

둘째, '해'는 '동쪽'을 뜻하는 말들을 만들어 냈다. 왜냐하면 '해'는 항상 '동쪽'에서 떠오르는 존재이기 때문이다. 우선 '새벽'이라는 단어가 그러하다. '새벽'은 고유어로 동쪽을 뜻하는 '새'('ᄉᆡ')와 '밝다'의 어근 '밝'('ᄇᆞᆰ')에서 온 '벽'이 결합하여 이루어진 말이다. '밝다'('ᄇᆞᆰ다')는 '불'에서 온 말로서, '불'의 색깔이 '붉'기 때문에 '불'에서 '붉다'가 나왔고 불이 붙으면 '밝아'지기 때문에 '밝다'도 나왔다. '동쪽'과 '밝다'가 결합한 단어인 '새벽'은 결국 동쪽에서 해가 밝아오는 시간을 뜻한다. 여기서, 앞서 말한 대로, '새'('싀')는 '해'가 구개음화된 결과이다. '새'가 동쪽을 가리키는 예는, '새벽' 외에도 동쪽 하늘에서 반짝이는 '금성(金星)'을 이르는 말인 '샛별', 동쪽에서 불어오는 바람인 '샛바람' 등에서도 볼 수 있다. '(날이) 새다'를, 위에서 말한 대로, '날이 하얗게 밝다'로 해석하지 않고, 여기에서 '새'를 동쪽을 뜻하는 말로 보아, '해가 동쪽에서 떠오르다'라고 해석하는 학자들도 있다.

셋째, '해'는 '새롭다'(新)는 뜻의 많은 단어를 파생시켰다. 매일 아침 동녘에 새로 해가 솟아나므로 '해'는 자연스럽게 '새롭다'는 뜻을 나타내게 된 것이다. 그해에 새로 난 쌀을 뜻하는 '햅쌀', 그해에 새로 난 농산물들을 뜻하는 '햇곡식' '햇감자' '햇과일' 그리고 방금 새로 태어난 병아리를 뜻하는 '햇병아리' 등에서 그 예를 볼 수 있다.

'해'에서 구개음화된 '새'도 마찬가지이다. '새댁' '새날' '새내기' '새뜻하다' '새록새록' '새사람' 등이 그러하다. 이렇게 보면 '새해'라는 말은 태양을 가리키는 '해'가 의미변화를 통해 두 번 겹친 말이라 하겠다.

이상에서 우리는 '해'가 본래의 '태양'이라는 뜻으로부터 세 개의 다른 의미로 그 영역을 확장해 왔음을 보았다. '희다, 밝다' '동쪽' '새롭다'가 그것이다. '해'가 '희다'라는 뜻을 가지게 된 근본적인 원인은 당연히 그 빛에 있다. 해가 빛의 근원이기 때문에 '해'는 밝은 것, 광명을 뜻한다. 그리고 '해'는 동쪽을 뜻하고, 비록 같은 자리이지만 새벽마다 새로 뜨므로 그것은 항상 새로움을 뜻한다.

우리나라 사람들이 새해 첫날 엄청난 추위를 뚫고 동쪽으로 가서 해돋이를 보면서 소원을 비는 이유가 바로 이 같은 '해'의 의미 자체에 있다고 생각한다. 우리의 언어에는 우리의 무의식적 욕망이 담겨 있기 때문이다.

ETYMOVERSE

CHAPTER 2

2장

어원으로 보는 세상

9791197909955 03700

우크라이나와 러시아, '하나'라는 폭력성

2022년 2월 24일 러시아가 전격적으로 우크라이나를 침공했다. 전 세계가 하나가 되어 푸틴의 이 야만적 행위를 규탄하면서 제재를 가하고 있고 우크라이나는 군사력과 경제력의 열세에도 불구하고 젤렌스키 대통령을 중심으로 강력한 항전 의지로 버텨 내고 있다.

푸틴은 왜 우크라이나를 침략했을까? 기본적인 이유는 우크라이나가 가지는 지정학적인 중요성 때문이다. 예로부터 우크라이나는 흑해를 거쳐 지중해로 나갈 수 있는 유일한 출구였으며 소련 해체 이후 러시아와 국경을 맞댄 나라들이 속속 북대서양조약기구(NATO)에 가입하면서 러시아의 앞마당까지 진출하는 가운데 유일하게 남은 나라인 것이다. 그런 나라가 이제 NATO에 가입하려 하고 유럽연합(EU)에도 가입 신청서를 제출한 것이다.

그러나 이것만으로는 설명이 안 된다. 왜냐하면 전 세계의 내로라하는 군사, 외교 전문가들도 이상의 이유에도 불구하고 러시아가 우크라이나를 공격할 것을 미처 예상하지 못했기 때문이다. 보다 큰 이유는 2022년 2월 21일 저녁 푸틴의 대국민 연설에서 드러난다. 여기에서 푸틴은 우크라이나를 '볼셰비키 정책의 결과로 태어난' 나라요, '꼭두각시 정권이 이끄는 식민지'라 칭하면서 우크라이나를 국가로 인정하지 않는 표현들을 썼다. 심지어 우크라이나인을 러시아인이라고 부르기까지 했다.

요컨대 푸틴은 과거 소련 해체로 인해 잃어버렸던 영토를 복구하려는 욕망과 이를 통해 자신의 권력을 확대하고 통치 기반을 강화하려는 야욕에 사로잡혀 있다. 그리고 이를 위해 특히 같은 슬라브인이요 러시아 민족이라는 민족 정체성과 동일한 역사적 뿌리를 공유한다는 역사적 정체성을 그 논거로 제시하는 것이다. 불행히도 그를 추종하는 세력은 과거 소비에트의 권세를 되찾는 영광스러운 일에 앞장서는 푸틴을 영웅시한다. 푸틴의 이러한 생각은 어디에서 기인하는 것일까?

882년 오늘날의 우크라이나와 러시아 땅에 키이우 루시 공국(키에프 공국)이 건립되었는데, 이것이 두 나라의 공통적인 역사의 출발점이 된다. 그러다 13세기에 몽골의 침략으로 키이우 루시 공국이 멸망했는데, 이때까지 러시아와 함께했다는 연유로 우크라이나를 '소(小)러시아'(Малороссия, Malorossiya)로 부르는 명칭이 등장하였다. 이후 러시아와 우크라이나는 몇 차례의 분리와 통합을 거쳤는데, 그 과정에서 차츰 언어와 문화가 달라졌다. 특히 1932~1933년에 발생한 대기근 때 러시아로부터 받은 학살에 가까운 핍박으로 수백만 명이 사망하였는데, 이로 인해 러시아에 대한 엄청난 반감과 증오심을 갖게 되기까지 하였다. 최종적으로는 소비에트 연방이 해체된 1991년 이래 독립을 선언하여 오늘에 이르고 있다.

지금이 때가 어느 때인데, 과거의 역사를 근거로 영토를 회복하려 하는 생각을 가진 사람이 있는가? 21세기가 밝았는데 아직도 자신을 중세의 차르(tsar)로 착각하는 한 사람의 퇴행적이고 망상적인 사고가 무고한 4500만 국민을 하루아침에 고통의 수렁에 빠뜨린다. 너무나도 어처구니없는 상황이다.

푸틴과 같은 논리로 우리도 만주를 고구려 땅이니 수복해야 한다고 주장하게 되면 어떤 일이 벌어질까? 국토의 결정은 과거의 역사적 관계가 기준이 되어서는 안 된다. 오직 현재 국민들의 평화적 의사가 기준이 되어야 할 뿐이다. 모든 국가의 국민은 다른 나라의 간섭없이 자신의 국가에 대한 자기결정권을 가져야 한다.

그렇다면 '우크라이나'는 러시아에게 어떤 나라로 간주되고 있길래 이렇게까지 러시아가 자기네 땅이라고 생각하는 것일까? 러시아어에 비친 우크라이나의 의미를 살펴보자. '우크라이나'는 우크라이나어로 Україна(로마자로는 Ukrayina)라고 하는데, 여기서 '우'(У)는 장소 전치사이고 '크라이나'(країна)는 러시아어로는 краина라고 하는데, 국경 지역, 변방을 뜻하는 말이다. 그러니까 러시아 입장에서 볼 때 남쪽에 위치한 변방이라는 뜻으로 그렇게 부르기 시작한 것이 기원이 된 것이다. 그러니까 "너 어디 가니?"라고 물을 때 "국경지방에 간다."와 같은 식으로 쓰이던 '국경지방'이 아예 그 지역을 가리키는 말이 된 것이다. 그리고 이것이 영어에 들어가 Ukraine(유크레인)이 되었다.

그런데 영어에서는 본래부터 고유명사가 아닌 경우, 즉 섬이나 강, 그리고 지역을 가리키는 말이 국가명이 될 때는 정관사 the를 넣는 규칙이 있다. 그래서 네덜란드가 'Kingdom of the Netherlands'이고 민주콩고공화국은 'Democratic Republic of the Congo', 콩고공화국은 'Republic of the Congo', 바하마도 'The Bahamas'로서 모두 the를 넣어 표기한다. Netherlands의 경우에는 네덜란드어 Nederland에서 온 말인데 이는 '낮은 땅'을 의미한다. 그러니까 '변경'을 뜻하는 우크라이나처럼 본래 지역을 나타내는 보통명사이다. 그리고 콩고는 the Congo rivier,

즉 강(江)에서 온 국가명이고 바하마도 the Bahama islands, 즉 섬에서 온 이름인 것이다.

그런데 우크라이나는 소비에트 연방에 속해 있을 때는 지역을 가리키는 보통명사이기 때문에 정관사를 넣는 관례가 만들어졌고 그것이 굳어져서 the Ukraine이라고 쓰여 왔다. 그러나 이제는 어엿한 독립국이 되었고 '우크라이나'라는 그 말 자체가 고유명사화되었다고 생각하기 때문에 우크라이나인들은 영어로 말할 때 정관사를 쓰지 말아 달라고 요구하고 있다. 그러니 우크라이나 앞에 정관사 the를 쓰면 국가가 아니라 지역으로 폄하하는 느낌을 주므로 반드시 관사 없이 Ukraine이라고 쓰는 것이 좋겠다.

한편 러시아어에서도 우크라이나 국호를 표기하는 데 논쟁이 있다. 우크라이나어나 러시아어 같은 슬라브어에는 관사가 없다. 그러나 국가명사 앞에는 일반 지역명을 가리키는 명사와 다른 전치사를 쓰는 규칙이 있다. 러시아어에서는 일반적으로 '~에서, ~로부터'의 뜻을 나타내는 전치사로 ('한국' Корее, '러시아' России 같은) 국가 명사 앞에는 전치사 в(대격)와 из(생격)를 쓴다. 그러나 일반적인 지역명 앞에는 на(대격)와 с(생격)를 사용하는 것이다.

우크라이나에서는 '우크라이나' 자체를 '국가'라는 의미로 보기 때문에 в와 из를 쓰는데 러시아에서는 아직도 과거처럼 지역 앞에서 쓰는 на와 с를 쓰는 경우가 많다고 한다. 왜 이렇게 사소한 것으로 아웅다웅하는 걸까? 이렇게 하찮은 것으로 상대를 인정하지 않으면 뭐 그리 대단한 이익이 있는가? 더구나 같은 슬라브 민족이고 역사도 함께했던 나라들인데!

그러나 여기에 동족의 혈연이 주는 역설이 있다. 한 민족, 한 가족, 한

뿌리는 서로를 하나로 묶으면서도 상대에게 복종을 강요한다. 그 안에서 오히려 강력한 독재의 토대를 마련해 주는 것이다. 지독한 탄압을 사랑의 이름으로 정당화하고 각자의 자유를 집단의 강령 아래 말살한다. 가족이나 민족 내의 폭력은 그 동일성의 원칙에 의해 출구마저 봉쇄되기 때문이다. 그리고 그 동일성을 강조하기 위해 외부의 적을 만들어 이를 공유하고는 한다. 그것은 과거 2차대전 때 함께 싸웠던 공동의 적, 나치이다. 지금 나치 체제에 빠져 있는 우크라이나를 구출한다는 가상의 명분이 바로 우크라이나 침공의 명분으로 제시된 것이다. 이처럼 동일성의 원칙은 자유를 말살하고 침략을 보호로 둔갑시키는 무서운 결과를 낳는 매우 위험한 사유이다.

넓게 보면 푸틴은 이 동일성의 원칙을 과거의 소비에트 연방의 영광을 재건하기 위해 구소련 연방 국가들에도 확대 적용하려 하고 있다. 바로 이 때문에 이번 사태는 우크라이나 한 나라에서 끝나지 않을 것이다. 앞으로도 구소련의 많은 나라들에도 발생할 수 있는 일이다. 그래서 그 나라들에는 이것이 남의 나라 일로만 느껴지지 않는 것이다.

그런데 그 가운데에는 이름이 '스탄'(stan)으로 끝나는 나라들이 있다. 카자흐스탄, 우즈베키스탄, 타지키스탄, 투르크메니스탄, 키르기스스탄이 그들이다. 이들은 모두 오늘날의 튀르키예어처럼 튀르크어족에 속하는 나라들이다. 여기에 '스탄' 국가가 둘이 더 있는데 '파키스탄'과 '아프가니스탄'이다. 이들은 인도유럽어족에 속하는 나라들이다.

여기서 '스탄'은 '땅'이라는 뜻이다. 그런데 이 말은 이들 나라에서 쓰이는 언어의 단어가 아니다. 즉 튀르크어도 아니고, 파키스탄이나 아프가니스탄에서 쓰이는 파슈툰어, 펀자브어, 우르두어도 아니다. '스탄'은 지금의 이란에서 쓰였던 페르시아어에서 온 말이다.

한편 우리말의 어휘 '땅'의 고어형은 석보상절에 나오는 'ᄯᅡᇂ'였으며 이것이 'ᄯᅡᆼ'으로 바뀐 뒤 오늘의 '땅'에 이른 것이다. 그런데 이 'ᄯᅡᇂ'의 발음에서 ㅅ이 ㄷ을 된소리로 발음하게 하는 역할만 했을 것이라는 학설과 ㅅ이 실제로 발음되었을 것이라는 학설이 대립하고 있다. 전자가 더 우세하기는 하지만, 후자에 따르면 오늘날의 '스다'로 발음되었다는 것이다. 그렇다면 '스탄'이 우리말에까지 들어와서 '스다'를 거쳐 '땅'에 이르게 했다는 말이 된다.

이처럼 우리는 전혀 다른 여러 언어에서 페르시아어 '스탄'의 뿌리를 본다. 인간의 사회에서 동일성은 이렇게 많은 다름 속에서 존재하는 것이다. 그러므로 푸틴처럼 다른 사람들을 동일성의 원칙에 몰아넣고 행동과 사고의 동일성을 강요하는 것은 옳지 않은 일이다. 더 이상의 희생을 낳지 않도록 어서 전쟁을 중단하고 우크라이나에 평화를 되돌려 주기를 바란다. 그리고 '스탄'과 '땅'의 역사에서 올바른 '동일성의 원칙', 즉 다름 속의 같음을 배우기를 바란다!

다름 속의 같음은 다른 주체들 간의 연대의식이다. 상대가 나와 다르다는 것을 인정하는 것이 연대의 전제가 된다.

다르지만 연대해야 하고 (공존)

다르니까 연대해야 한다. (공영)

'너와 나는 하나다'라고 하면 오히려 독재와 폭력을 낳을 수 있다. 상대가 원하지 않는 '우리는 하나다'가 위험한 생각일 수 있는 이유이다. 그보다는 '너와 나는 다르다'라고 시작해야 상대에 대한 존중이 생기면서 평화가 가능해진다.

왜 서양의 왕들은 같은 이름을 쓰면서 2세, 3세를 붙일까?

2022년 9월 8일 영국 여왕 엘리자베스 2세가 96세를 일기로 세상을 떠났다. 1952년 25세의 나이에 여왕에 오른 이래 70년 동안 집권하였기에 여성 국가 원수로는 세계 최장 집권 기록이고 남녀를 통틀어도 72년을 집권한 루이 14세(Le Roi Louis XIV)에 이어 역대 2위이다.

우리가 흔히 엘리자베스 여왕이라고 간략히 부르지만, 정확히는 '엘리자베스 2세'(Queen Elizabeth II)이다. 서양의 왕들은 이렇게 이름 뒤에 숫자를 붙이는 경우가 매우 흔하다. 사실 엘리자베스 2세가 왕위를 물려받은 아버지도 '조지 6세'(King George VI)였고, 뒤를 이어 즉위한 아들도 '찰스 3세'(Charles III)이다. 오히려 그렇지 않은 경우를 찾기가 더 힘들 정도이다. 이렇게 된 이유는 무엇일까?

처음에는 인류가 이름만을 가지다가 성(姓, surname, family name)을 만들어 쓰기 시작했는데, 일찍부터 성을 사용했던 동양권과 달리 서양에서는 상대적으로 늦은 시기에 도입되었다. 그런데 성이 등장한 이후에도 서양에서는 '샤를' 대제(Emperor Charlemagne)와 '프란체스코' 교황(Pope Francis)처럼 왕과 교황의 경우에는 단일명(mononym)을 사용하였다. 이는 왕과 교황에게 일반 백성과 다른 차원의 사람이라는 권위를 부여하기 위한 수단이었다. 다만 이름이 같을 경우에는 혼동을 피하기 위하여 이름 뒤에 수식어를 붙이고는 하였다. 예컨대 '위대한 왕' 찰스

(Charles the Great), '미남 왕' 펠리페(Felipe el Hermoso), '경건 왕' 루이(Louis le Pieux)와 같은 식이다.

그러다가 이름 뒤에 숫자를 붙여 구분하는 방식이 등장했다. 그러나 왕이 살아 있을 때는 이를 사용하지 않았다. 다만 매우 예외적으로 '현자(賢者) 샤를르'(Charles le Sage)가 생전에 샤를르 5세(Charles V)로 불리기도 했을 뿐이다. 그 이후의 왕들에게는 지속되지 않았다. 예컨대 루이 13세도 '루이 13세'가 아니라 '정의왕 루이'(Louis le Juste)로 불렸던 것이다. 숫자는 사후에 역사가들에 의해 명명되는 것이 상례였다. 실제로 일반 국민은 숫자 없이 단지 '루이 왕'(le Roi Louis), '우리 루이 왕'(notre Roi Louis)이라 불렀을 뿐이다. 그러다 역사학자들의 노력으로 19세기에 들어서부터는 과거의 왕들뿐 아니라 재위하고 있는 현왕까지도 숫자 부여 방식을 적용하기 시작했다. 그것이 모든 문제를 가장 단순화하고 표준화해 주기 때문이다.

그렇다면 이렇게 서양의 왕들에 동명이인이 많은 이유는 무엇일까? 이는 이러한 명명 체계의 원조 격이라 할 수 있는 프랑스의 '루이'(Louis)에서 답을 찾을 수 있다. 프랑크왕국의 전성기를 구가했던 (위에서 언급한) 샤를(Charlemagne) 대제*의 아들인 '경건 왕 루이'(Louis le Pieux)가 스스로를 왕국의 시조(始祖)인 '클로비스'(Clovis)의 이름을 따서 '루이'(Louis)라 칭한 것이 시초이다. 아마 음악 좀 아는 사람이라면 대번에 독일이 낳은 불멸의 작곡가 '루드비히 판 베토벤'(Ludwig van Beethoven)을 떠올릴 것이다. '루이'는 '클로비스'의 발음이 변이한 형태

---

* 예전에는 '샤를마뉴 대제'라 했는데, 마뉴(magne)가 이미 라틴어 magnus, 즉 '대제'를 뜻하기 때문에 요즘은 '샤를 대제'라고 한다.

인데, 스페인어에서는 '루이스'(Luis), 독일어에서는 '루드비히'(Ludwig)가 되었다. 그가 이렇게 스스로 '루이'라 칭한 이후에도 후대 왕들이 계속해서 '루이'라는 이름을 쓰면서 여러 명의 루이 왕들이 나타나게 되었다.

이처럼 국민의 존경을 받은 훌륭한 선대 왕의 이름을 자신에게 붙이는 것은 그 이름이 주는 권위와 이미지의 후광을 입어서 자신도 존경받고 인기 있는 왕이 되는 데 도움을 받고자 함이었다. 그리고 이는 하나의 문화가 되어 꼭 왕족이 아니라 일반인들도 아버지의 이름을 그대로 아들이 물려받는 것이 흔한 일이 되었다. 두 사람의 이름이 같아서 구분이 필요할 때는 아버지를 '시니어'(Mr. X senior), 아들을 '주니어'(Mr. X junior)라고 구분하면 그만이다.

물론 이웃 나라인 중국, 일본도 그러하지만, 우리나라에는 이처럼 아버지의 이름을 그대로 물려받는 예가 없다. 그러나 선대 지도자의 후광을 입기 위해 노력하는 경우는 많이 있다. 예를 들어 1997년 15대 대선 때 이인제 의원이 박정희 전 대통령의 외모나 말투를 흉내 낸 경우나, 박근혜 전 대통령이 아버지의 이미지를 많이 활용한 사례 등이 그것이다.

그런데 서양에서 위대한 선대 정치지도자가 주는 후광의 본질은 무엇이었을까? 그것은 다름 아닌 '노블레스 오블리주'(noblesse oblige)이다. 프랑스어인 이 말은 영어로 직역하면 'Nobility obligates.'로 '고귀함은 (권리가 아니라) 의무를 부과하는 것'이라는 뜻이다. 국가를 이끄는 왕가나 귀족들, 오늘날로 하면 정치지도자들의 '사회적 책임'을 강조하는 말이다. 우리나라는 정치지도자들이 자신들의 권리를 즐기는 쪽에 치중하는 반면에 국민에게 해야 할 의무를 다하는 데는 소홀히 하는 듯하여 그 의미가 더욱 절실하게 와닿는 말이다.

이 '노블레스 오블리주' 정신으로 인해 서양에서는 왕과 귀족들이 전쟁이 나면 반드시 참가하였고 오늘날에도 그 정신이 이어져서 참전을 하거나 군 복무를 완수하지 않으면 정치지도자로 나설 수 없는 사회적 묵계가 형성되어 있다. 엘리자베스 2세도 여성임에도 불구하고 2차 세계대전 때 영국 여군 부대인 ATS에 입대해 참전한 바가 있다.

엘리자베스 2세가 그토록 오랫동안 인기가 있었던 것은 이외에도 자신과 왕가의 이익보다 국민과 국가의 이익을 우선하는 많은 언행에 기인한다는 것이 일반적인 평가이다. 한마디로 '노블레스 오블리주' 정신에 충실한 것이 그 존경과 인기의 원천이라 할 것이다.

그 결과 영국 정부가 추모 기간 가이드라인으로 민간 활동에 특별한 요청을 하지 않았음에도 불구하고 많은 민간단체가 앞다투어 여왕의 서거에 대한 애도 행렬에 동참하였다. 프리미어리그도 예정된 경기를 연기하였고, 영국 중앙은행도 예정된 금리 결정 회의를 연기했으며, 파업을 벌이던 영국 공공부문 노동자들도 파업을 중단하였다.

반면에 엘리자베스 2세 여왕이 왕위를 아들 찰스 3세에게 빨리 넘겨주지 않은 이유 중 하나가 그가 국민들의 지지를 받지 못했기 때문이라는 것이 일반적인 분석인데, 이는 분명히 찰스 3세가 영국민들에게 '노블레스 오블리주'가 부족한 사람으로 비쳤기 때문이리라.

영국의 사례는 우리나라의 정치지도자들이 존경을 못 받는 이유를 잘 설명해 주는 듯하다. 군 입대를 회피하고 사회적 책임을 등한시하는 정치지도자들의 존재는 한국 정치의 앞날을 어둡게 한다. 우리도 이제 서구처럼 정치지도자에게 '노블레스 오블리주'가 없으면 정치판 근처에 얼씬거리지도 못하도록 할 수 없을까?

약칭의 세계, '엘리자베스'와 '리즈'에서 '롯데'와 '메리엇'까지

리즈 트러스(Liz Truss) 영국 총리가 2022년 10월 20일, 취임한 지 44일 만에 극적으로 사임했다. 정치권 안팎으로부터 사퇴 압박에 시달려 왔기에 사임 자체가 놀랍지 않지만, 일반의 예상보다 훨씬 더 빨리 사임한 것은 놀라운 일이었다. 영국 타블로이드지인 데일리스타(Daily Star)는 '트러스 총리가 양상추보다 오래 버틸까?'(Will Liz Truss outlast this lettuce?)라는 제목의 기사를 게재하고 둘의 대결을 유튜브 스트리밍으로 중계하고 있었는데, 결국은 양상추가 시들기 전에 물러나는 바람에 패배를 안고 말았다. 이로써 영국 역사상 최단명 총리의 오명까지 안게 되었다.

트러스 총리가 실각한 원인은 그녀의 감세 정책 때문이었다. 감세를 통해 경기를 살리고 이를 통해 성장하겠다는 것이었는데, 이 감세안이 국내외의 혹독한 비판을 불러일으켰고 세계 금융시장에 일대 혼란을 초래했다. 그녀는 도대체 왜 철 지난 감세안을 들고나왔을까? 보수당의 총재인 그녀는 보수당의 상징이며 영국 역사상 첫 여성 총리였던 마거릿 대처와 같은 반열에 올라 제2의 '철의 여인'이라는 명성을 얻기를 꿈꾸었기 때문이다. 그러나 1980년대식 신자유주의 정책의 유효기간을 생각하지 않고 주변 환경의 변화를 완전히 무시한 채 이를 밀어붙이는 우를 범하고 말았다. 가수에게는 리바이벌이 통할 수 있지만 정책에는 통할 수 없다는 평범한 진리를 놓쳐 버린 그녀를 보면 각주구검(刻舟求劍), 즉 배에서 칼을 물속에 떨어뜨리고 그 위치를 뱃전에 표시하였다가 나중에 배가 움직인 것을 생각하지 않고 칼을 찾았다는 초나라 사람의 어리석음을 떠올리지 않을 수 없다.

그런데 우리는 여기서 리즈 트러스 인생의 아이러니를 발견한다. 그녀가 추앙했던 마거릿 대처가 처음에는 오히려 그녀가 배척했던 인물이었다는 점이다. 중산층 진보의 부모에게서 태어났기에 리즈 트러스는 본래 진보적 정치관을 갖고 있었다. 그래서 어릴 때는 마거릿 대처 반대 시위에 심심치 않게 참여하고는 했다. 그러다가 1996년 대학을 졸업하면서 보수당으로 전향을 했다. 전향 전에 참여했던 시위에서 그녀가 사람들과 함께 외쳤던 구호가 'Maggie Out'(매기는 물러가라)이었는데, 여기서 '매기'(Maggie)는 대처(Thatcher)의 이름인 마거릿(Margaret)의 약칭(diminutive)이다. 그렇다면 리즈 트러스의 실각은 어쩌면 '매기 아웃'을 외치던 진보 소녀가 보수로 전향한 뒤 이번에는 '매기 추앙'을 하다가 자기도 '아웃'된 이야기라고 요약할 수 있을지 모르겠다.

50대 이상이라면 초등학교 시절 듣고는 했던 <메기의 추억>(When You and I were young, Maggie)이라는 미국 노래가 기억날 것이다.

> 옛날에 금잔디 동산에… 메기 같이 앉아서 놀던 곳
> 물레방아 소리 들린다… 메기 내 사랑하는 메기야

여기에 나오는 '메기'가 처음에는 다들 물고기 메기인 줄 알았지만, 사실은 세상을 먼저 떠난 화자의 아내 마거릿을 가리키는 말이었다. '마거릿'(Margaret)은 프랑스어 '마르그리트'(Marguerite)에서 왔는데 이는 다시 라틴어 마르가리타(Margarita)에서 온 말로서 '데이지꽃'을 뜻하는 보통명사였다. 그러다가 그 의미가 아름다워서 여성의 이름을 가리키는 고유명사로 쓰이게 되었다. 그렇다면 라틴어 Margarita는 어디서 온 말일까? 이는 그리스어 μαργαρίτης(마르가리테스, margaritēs)에서 기원한 말로, '진주'를 뜻하는 말이었다. 즉 '진주'처럼 생긴 꽃이라 하여 데이지를 진주라는 뜻의 '마르가리타'(margarita)로 부른 것이다. 한편 영어의 마거릿(margaret)은 '진주'라는 의미 외에 '위대하다'(great) 혹은 '강하다'(strong)라는 의미도 가지는데, 이는 그리스어의 메가스(μέγᾰς, megas), 즉 현대영어 등에서 엄청나게 크다는 뜻으로 많이 쓰이는 '메가'(mega)와 관련된 것으로 사람들이 생각하기 때문이다.

여성 이름 '마거릿'은 다양한 약칭을 만들어 냈는데, 앞부분을 취하면서 r을 탈락시키거나 모음 a를 e로 바꾸어서 형성한 '맥, 매기, 멕, 메건'(Mag, Maggie, Meg, Megan) 등이 그것이다. 미국의 인기 여배우 멕 라이언(Meg Ryan)과 메건 폭스(Megan Fox)의 예를 들 수 있다.

프랑스어의 경우 1음절과 2음절을 취하는 형태인 '마르고, 마르쥬, 마르지'(Margo, Margot, Margaux, Marge, Margie) 등이 있다. 흔히 국내에서 '마고'라고 하는 이름이 이것이고 포도주 이름으로도 유명하다.

한편 영어의 여자 이름으로 '데이지'(Daisy)가 있는데, 이것도 데이지꽃이라는 의미를 지닌 영어 단어를 이용하는 '마가렛'의 변이형이라 할 수 있다.

우리가 일상적으로 자주 접하는 식품 가운데 마가린(margarine)이 있는데, 이것도 이 '마거릿'과 관계가 있다. 이는 프랑스의 화학자

미셸 외젠 슈브뢸(Michel Eugene Chevreul, 1786~1889)이 마가린의 주성분인 산(酸)의 결정 상태가 꼭 진주 같다고 하여 이에 마가린 산(margaric acid)이라 이름 붙였기 때문이다.

한편 발음이 매우 달라져서 흔히 '마거릿'의 약칭으로 알지 못하는 이름도 있는데, '페그'(Peg)와 '페기'(Peggy)가 그러하다. 이는 단지 뒷부분의 각운(rime)만을 맞추면서 앞의 음을 변경하는 일종의 말장난 시도의 결과로서, 이는 '윌리엄'(William)에서 나온 약칭 '윌'(Will)로부터 각운만 맞추는 '빌'(Bill)과 '빌리'(Billy)가 탄생한 것과 마찬가지이다. 그러니까 '빌 클린턴'(Bill Clinton)은 본명이 '윌리엄 클린턴'이다. 참고로 여기서 나온 여성형이 Billie인데, 마이클 잭슨의 노래 <빌리 진>(Billie Jean)과 여성 테니스계의 성평등을 위해 노력한 '빌리 진 킹'(Billie Jean King) 여사에서 그 예를 볼 수 있다.

약칭을 만들 때 가장 많이 쓰는 방법은 단어의 앞부분을 취하고 뒷부분을 버리는 방식인데, 이와는 반대로 뒷부분을 취하는 방식도 가끔 쓰인다. 라틴어 '마르가리타'(Margarita)로부터 뒤 두 음절을 딴 '리타'(Rita)가 나왔고, 뒤 세 음절을 딴 (그리고 약간의 변형을 거친) '그레타'(Gret(t)a)가 있는데, 스웨덴 출신의 여배우 그레타 가르보(Greta Garbo)가 그 예이다.

이처럼 뒷부분만 남기는 특이한 방식을 하나 더 소개하면 제과업체를 모태로 한 그룹의 이름으로 유명한 '롯데'(Lotte)가 그러하다. 남자 이름 '찰스'(Charles)의 프랑스어 버전은 '샤를르'(Charles)이다. 이것의 여성형은 '작다'는 뜻의 '-otte'(-ette의 변이형)가 붙은 '샤를롯트'(Charlotte)인데, 이는 여성의 이름뿐 아니라 미국 노스캐롤라이나주의 주도의 이름

(발음은 영어식으로 '샤알럿')으로도 쓰이고, 캐나다 PEI주의 주도의 이름에도 Charlottetown(샤알럿타운)으로 쓰이는 등 도시 이름으로도 쓰이고 있다. 이처럼 영어뿐 아니라 여러 언어에서 이 이름이 쓰이고 있는데, 괴테의 『젊은 베르테르의 슬픔』이 간행된 시대에도 이 이름이 유행했다고 한다. 그래서 괴테가 이 작품의 여주인공 이름으로 '샤를롯테'(Charlotte)를 썼고 이의 약칭으로 뒷부분을 취한 '롯테'(Lotte)를 이용한 것이 오늘날 롯데그룹 이름의 기원이다. 발음은 현대 독일어에서 '롯터'가 맞고 Werther도 '베르터'가 맞지만 오랜 관용으로 '롯데'가 쓰인다.

'롯데'처럼 접미사 '-ott(e)'가 붙은 이름 중에 두세 개만 더 예를 들면, '리즐롯'(Lieselotte), '엘리엇'(Elliott), '메리엇'(Mariott) 등이 있다. '메리엇'은 '메리'(Mary)에 '-ott'가 붙은 형태로 유명한 호텔 프랜차이즈의 이름에 사용되고 있다.

정치인의 생명은 자신만의 정치 철학이다. 정치 철학의 정체성을 유지해야 국민으로부터 지지를 받는다. 그런데 리즈 트러스는 자신의 이름 '엘리자베스'가 의미하는 '하느님의 맹세'를 지키지 않고 '진주'를 찾아 마거릿 대처를 흉내 내는 길을 택했다. 이제 그녀는 그 길에서 방향성을 상실한 채 가던 길을 멈추어야 했다. 엘리자베스는 엘리자베스여야 했다.

'장애'의 어원, '핸디캡'은 공정을 위한 것

출근길 지하철 '휠체어' 시위는 장애인 이동권에 대한 사회적 논쟁을 불러일으켰으며, 여론은 이에 대한 옹호론과 비판론으로 갈려 팽팽하게 맞서고 있다. 장애인 '이동권' 요구의 근거는 무엇인가? 영어에서는 '장애'를 handicap(핸디캡)이라고 하는데 이의 어원을 살펴보면 답을 얻을 수 있다.

'handicap'은 'hand in cap'(모자 속 손)이라고 불리는 1650년대에 시작한 게임에서 유래했다. 이 게임에서는 한 사람이 상대방이 가진 물건 중 하나를 소유하고 싶을 때 비슷한 가치의 자기 물건을 내놓으면서 거래를 시도한다. 이때 심판이 판단할 때 두 물건의 가치가 불균형할 경우 값이 덜 나가는 물건의 소유주에게 물건을 더 내놓으라고 한다. 그 사람이 물건을 더 내게 되면 이제 두 교환자는 손을 모자 속에 넣는다. 모자에서 손을 뺐을 때 손이 펴져 있느냐 혹은 주먹을 쥐고 있느냐로 각자 거래에 대한 동의와 거부 의사를 표시하며 진행하는 게임이었다. 이로부터 가치의 균형을 맞추기 위해 더 부담하는 행위나 조처를 이 게임의 이름인 'hand in cap'이라 부르기 시작했는데, 발음이 변하여 handicap이 된 것이다.

이는 이후 경마에도 영향을 미쳤다. 1754년에 최초의 기록이 나오는 '핸디캡 경기'(Handy-Cap Match)가 그것이다. 당시 경마가 인기가 있었지만 1등마가 계속해서 1등을 하는 문제가 노정되었다. 잘 훈련되고 근육이 많은 말이 유리하므로 너무나 뻔히 예측되어 내기가 성립이 안 되는 것이었다. 그래서 사람들은 더 젊고 더 강해서 더 빠를 수밖에 없는 말에 쇳조각 같은 것을 채워서 몸을 무겁게 하여 다른 말들과 기회의 균형을 맞추도록 하였다.

이러한 핸디캡은 달리기 경주에도 적용되었는데, 더 빠른 사람이 더 뒤에서 출발하게 하도록 했다. 이어 골프나 폴로, 볼링 등의 스포츠에서도 이전 게임까지의 평균 성적에 핸디캡을 적용함으로써 이길 기회의 조건을 균등하게 했다. 스포츠 분야에서는 대개 '핸디'라고 줄여서 부르고, 흔히 골프에서 '핸디'라고 하는 것이 이것이다.

이후 스포츠 분야를 넘어 1915년에는 'handicapped'(핸디캡을 받은)가 장애가 있는 아이들에게 쓰였고, 1958년부터는 전체 장애인을 가리키는 말로 쓰이기 시작했다. 즉 비장애인들과 기회를 균등하려고 생활에서의 조건을 보정받는 사람이라는 의미를 가진 것이다.

다만 최근 들어 영어서는 이 '핸디캡'이라는 어휘가 점점 덜 쓰이고 있음을 볼 수 있는데, 이는 일종의 장벽이나 한계의 의미가 있는 말이기 때문에 부정적 뉘앙스가 느껴지기 때문이다. 장애인들을 봐주는 것 같은 느낌을 주는 것이다. 그렇다면 어떤 용어를 써야 할까? 'disability'(장애)가 올바른 용어로 제안된다. 왜냐하면 이는 신체의 일부를 쓸 수 없는 상태를 뜻하는, 즉 움직임이나 감각, 활동의 한계를 의학적으로 정의하는 말이기 때문이다.

이때 주의할 것은 disabled를 명사로 쓰지 말라는 것이다. 영국 정부의 가이드라인을 보면 disabled 다음에 반드시 person이나 people을 써서 장애가 있는 사람이라는 의미로 쓰라고 권고하고 있다. 부유하다는 뜻의 형용사 rich에 정관사가 붙은 the rich가 '부유층'을 뜻하게 되는 것처럼, 영어에서 정관사를 앞세워 형용사를 명사적으로 사용하면 그런 특성을 가진 계층 혹은 집단을 의미하게 되기 때문이다. 이처럼 장애인을 단지 장애가 있는 개인으로 볼 것이지 장애인을 특정한 부류로 계층화 또는 집단화하는 것을 경계하는 것이다. 요컨대 장애인을 특별한 사람들의 집단으로 규정해서는 안 되고, 단지 비장애인들과 동등하게 생활할 수 있도록 환경을 만들어 주어야 하는 것이다. 이것이 장애인들이 진정 원하는 것이기도 할 것이다.

그런데 전국장애인연대(전장연)의 시위는 우리 사회가 장애인의 이동권에 대해 살펴보고 바람직한 해결 방안을 찾는 계기가 되어야 할 텐데, 현실은 그렇지 않았다. 그러한 대화는 온데간데없고 그저 전장연의 시위 방식에 대한 찬반으로 변질되어 버렸다. 이러한 변질의 원인이 무엇일까?

우선은 정치인들과 고위 관료의 잘못이라 하겠다. 그들은 힘 있는 사람들의 불만 해결에 더 관심이 있다. 그래야 자신들의 입지가 더욱 공고해지고 권력이 더욱 확대되기 때문이다. 반면에 힘없는 사람들의 불만 해결에는 큰 관심이 없다. 그들로부터 불만을 들으면 대체로 말만 하고 행동에 옮기지는 않는다. 예컨대 원래의 약속에 따르면 2004년까지 엘리베이터를 100% 설치해야 했지만, 서울 시내에는 아직도 설치되지 않은 역들이 존재한다. 바로 이러한 이유들 때문에 전장연의 시위가 여기까지 온 것이다. 그들에게 다른 방도가 없기 때문이다. 물론 장애인들이나 그 단체의 대표들이 사실 파악이나 관련 법에 대한 지식과 공부가 깊지 못

할 수가 있다. 그러나 그러한 점을 지적하면서 문제 제기 자체의 정당성과 문제 제기의 권리까지 무시하는 것은 결코 온당치 않다.

다음으로 언론의 잘못을 들지 않을 수 없다. 장애인 이동권 시위에 대해 언론은 지난 21년간 투쟁의 이유를 짚어서 왜 이런 불행이 있는지를 취재하고 이를 시민들에게 알려서 시민들이 올바른 지식과 정보를 갖게 하고 이를 통해 올바른 여론을 형성하는 데에 기여해야 했다. 그러나 많은 언론이 시민 불편을 제목으로 뽑아 보도함으로써 사건을 처음부터 특정 시각으로 몰아갔으며, 일부 사례를 선정적인 제목으로 침소봉대하여 장애인 단체 측에 대부분의 잘못을 귀인시키고 있다. 특히 지난 2월 전장연이 시위하면서 출입문 사이에 고의로 정지해서 지하철 운행을 막는 모습과 지하철이 지연되자 할머니의 임종을 지키러 가야 한다고 울부짖는 시민에게 전장연 측이 버스 타고 가라고 응한 모습 등을 집중적으로 기사화했다.

방송에서의 토론이나 대화를 보아도 마찬가지이다. 장애인 단체의 입장에 동조하는 입장은 별로 없고 주로 시위 방식의 문제점에 주력하고 있다. 심지어 그들의 시위 방식에 '비문명'이라는 프레임을 씌우기도 했는데, 이것이 결코 장애인 시위의 본질이 아닌 것을 모를 리 없건만, 참으로 안타깝기 짝이 없다.

전장연의 방식은 분명히 적절치 못했다. 시위의 방식이 과격했다. 그러나 그러한 이유로 그들의 항의 내용 자체가 잘못된 것이라고 말할 수는 없다. 표층에 드러난 일부 잘못된 행동을 근거로 전체를 잘못이라 규정해서는 안 된다.

사실 시위라고 하는 것은 본질적으로 다른 시민에게 피해를 주는 면을 불가피하게 갖는다. 문제는 이를 얼마나 사회적 연대의식으로 이해해 주느냐의 문제이다. 프랑스의 경우 우리에 비해 상대적으로 다른 시민들의 시위를 비교적 잘 이해해 주는 편이다. 시위의 역사가 우리보다 훨씬 오랜 나라이고, 무엇보다 프랑스 혁명을 일으킨 나라이므로, 우리와 단순 비교할 수는 없다. 처음 프랑스에 갔을 때 대중교통의 큰 파업으로 모든 시민이 불편을 겪은 적이 있었는데 임시로 편성된 버스에 함께 탔던 옆자리의 할머니로부터 "파업한 사람들을 이해하고 불편하지만 괜찮다"라는 말을 들었을 때 참으로 놀라웠다. 이것은 한 국가와 사회에서 살아가는 사람들 사이의 연대의식이다. 우리나라는 단기간에 압축성장을 하는 바람에 많은 혼란을 겪고 있지만 앞으로 조금씩 바뀌어 나갈 것으로 기대한다. 세상은 서로 다른 사람들과 함께 살아가야 하는 공간이니까. 그러려면 본인의 불편도 감수해야 하니까.

'당선인'이 틀리고 '당선자'가 옳은 이유

선거 때만 되면, 선거에서 당선된 사람을 '당선자'로 부르는 것이 맞는지 '당선인'으로 부르는 것이 맞는지에 대해 논란이 계속되고 있다. 헌법에 분명히 '당선자'로 되어 있는데도 하위 법률에 '당선인'이라는 표현이 있어 이명박 대통령직 인수위가 '당선인'으로 불러 달라고 요청하면서 이 논란은 시작되었다. 그 이유는 '사람 인(人)' 자를 쓰면 '놈 자(者)' 자를 쓰는 것보다 격이 높게 느껴진다고 판단했기 때문이다. 그러나 실상 우리말의 '사람 인(人)'과 '놈 자(者)'는 사람을 가리키는 접미사일 뿐 둘 사이에 품격과 관련하여서는 아무런 차이가 없다. 만일 '놈 자(者)'에 폄하적인 의미가 있다면, '학자' '기자' '과학자' '교육자' 심지어 '성자'(聖者)는 어떻게 설명할 것인가? 만일 그러하다면 '기자'들이 자신들을 그렇게 부를 것이며 한국의 '과학자 협회'에서 지금껏 이렇게 조용히 있겠는가? '인(人)'과 '자(者)'에는 다만 어법상의 차이가 있을 뿐이다. 그렇다면 그 어법상의 차이는 무엇일까?

우선 '-자'(者)는, 주로 일시적인 행위나 활동을 하는 개인을 가리킬 때 쓰인다. 예를 들어 '참석자, 합격자, 가해자, 목격자, 승리자, 패배자, 응시자, 침입자' 등에 쓰인다. 이런 말들에 '-자' 대신 '-인'을 써서 '참석인, 합격인, 가해인, 목격인, 승리인, 패배인, 응시인, 침입인'이라고 할 수는 없다.

또한 '-자'는 (직업이 아니라) 일시적인 역할을 맡은 개인을 가리킬 때 쓰인다. '사회자(회의 진행자), 자원봉사자, 생산자, 소비자, 운전자, 보행자' 등이 그러하다. 이 경우에도 '사회인, 자원봉사인, 생산인, 소비인, 운전인, 보행인'이라고 할 수 없다.

일시적인 상태에 있거나 일시적인 권리를 가지고 있는 개인을 가리킬 때도 '-자'가 쓰인다. '확진자, 독점자, 부적응자, 중독자, 보균자, 동급자(同級者), 생존자'와 '유권자, 방영권자, 선거권자, 피선거권자, 관리권자'가 그 예가 된다. 이 단어들도 '-인'을 쓸 수 없다. '확진인, 독점인, 사회부적응인, 중독인, 보균인, 동급인(同級人), 생존인'과 '유권인, 방영권인, 선거권인, 피선거권인, 관리권인'은 매우 어색하다.

반면에 '-인'(人)은 (일시적인 상태에 있는 개인이 아니라) 속성을 가리키는 명사와 결합하여 그러한 속성을 가지고 있는 사람을 가리킬 때 쓰인다. 예컨대 '원시인, 현대인, 야만인, 문화인, 문명인, 교양인, 지식인, 지성인, 전문인' 등이 그러하다. 이들은 본래부터 하나의 개인을 가리킨다기보다 속성을 공통적으로 갖고 있는 집단에 속하는 사람이라는 의미가 강하다. 이들을 '-자'를 써서 '원시자, 현대자, 야만자, 문화자, 문명자, 교양자, 지식자, 지성자, 전문자'라고 할 수 없다.

그리고 국가, 지역을 나타내는 명사와 결합하여 거기에 속하는 사람이라는 의미를 나타낼 때도 '-인'이 쓰인다. '한국인, 한인, 조선인, 미국인, 프랑스인, 로마인'과 '동양인, 서양인'이 그러하다. 이 역시 '한국자, 한자, 조선자, 미국자, 프랑스자, 로마자'와 '동양자, 서양자'로 쓸 수 없다. '지역인, 현지인'에서도 볼 수 있지만, 특정한 지역에 사는 사람들을 총칭해서 일컬을 때도 '-인'을 씀을 볼 수 있는데, 실제로 '경기인, 충청인, 경남인, 수원인' 등과 같이 쓰인다. 이 경우에도 '경기자, 충청자, 경남자, 수원자' 등과 같이 '-자'로 교체할 수는 없다.

또한 (일시적 역할을 맡은 개인이 아니라) 활동 분야를 나타내는 명사와 결합하여 그 분야에 종사하는 집단에 소속하는 사람을 가리킬 때도 '-인'을 쓴다. '의료인, 정치인, 언론인, 법조인, 연예인, 체육인, 정치인, 출판인, 기업인, 광고인, 방송인' 등이 그 예이다. 이 경우도 마찬가지로 '의료자, 정치자, 언론자, 법조자, 연예자, 체육자, 정치자, 출판자, 기업자, 광고자, 방송자'처럼 '-자'를 쓸 수 없다.

이러한 구분의 기준은 '중개인'이라 하면 중개업에 종사하는 사람을 나타내는 말로 들리고 '중개자'라 하면 일시적으로 중개의 역할을 맡은 사람으로 이해되니 충분히 근거가 있다. 특정 제품의 판매 역할을 맡은 사람을 가리키는 것으로 해석되는 (제품의) '판매자' 대신 '판매인'라고 한다면 판매 분야에 종사하는 사람이라는 의미로 쓰일 수 있을 것 같은 느낌이 들지만, 일시적으로 특정 제품을 구매한 사람이라는 뜻의 '구매자'로부터 구매 분야에서 오랫동안 종사하는 사람이라는 뜻의 '구매인'을 파생시키기는 어려운 것도 이 같은 기준의 타당성을 보여 준다. '발명자'라 하면 특정한 장치나 제품을 발명한 사람이라는 의미로 쓰일 수 있는 반면에('~의 발명자'처럼), 발명 분야의 종사자라는 의미로 '발명인'이라고 할 수 있는 가능성을 보아도 그러하다.

이러한 이유로 인해 일시적 상태에 있는 개인에 불과한 느낌을 주는 '당선자'보다 어떤 속성을 공통적으로 가지는 집단에 속한 사람이라는 느낌을 주는 '당선인'이 훨씬 더 권위가 있게 느껴진다. 그러나 논리적으로 일시적 사건에 의한 상태이므로 '당선자'가 옳지 '당선인'은 옳지 않다. 이는 '후보자'가 쓰이고 '후보인'이 쓰이지 않는 이유와 동일하다. 또한 당의 공천을 받은 경우도 일시적 역할을 부여받은 것이므로 '공천자'(혹은 피공천자)라는 말을 써도 '공천인'이라는 말은 성립하지 않는다.

그런데 여기서 우리가 아직 언급하지 않은 또 다른 범주가 있다. 활동 분야를 나타내는 명사와 결합하여 그 분야에서 직업으로 활동하는 개인을 뜻할 때는 '-자'를 쓴다. '공직자, 교직자, 성직자, 노동자, 근로자, 연기자, 교육자, 공학자, 과학자, 철학자, 문학자, 신학자, 제지업자, 자영업자, 건설업자' 등이 그러하다.

반면에 이와 유사하게 활동 분야를 나타내는 명사와 결합하나 (직업이 아니라) 그 분야에 종사하는 모든 사람, 즉 그러한 집단에 소속하는 사람을 가리킬 때는 '-인'을 쓴다. '종교인, 법조인, 의료인' 등은 반드시 직업으로 삼는 사람이 아니라 해당 분야에 전문성을 가지고 지속적으로 활동하는 모든 사람, 예컨대 자원봉사로 활동하는 사람을 비롯한 그 분야에 종사하는 모든 사람을 총칭하는 것이다. '정치인, 언론인, 기업인, 연예인, 체육인, 출판인' 등 다양한 '-인'의 쓰임에서 이러한 의미를 읽을 수 있다.

이상에서 보았듯이, 한국어에서 사람을 가리키는 접미사로 폭넓게 사용되는 '-인'과 '-자'의 용법은 이 두 가지 원칙으로 설명될 수 있다. 첫째, 일시적인 행위나 상태에 있는 개인을 나타낼 때는 '-자'를 쓰는 반면에, (일시적인 것이 아니라) 어떤 속성을 가지고 있는 집단이나 국가나 지역에 속하는 사람을 가리킬 때는 '-인'을 쓴다는 원칙이다. 둘째, 활동 분야를 활동 분야를 나타내는 명사와 결합하여 그 분야에서 직업으로 활동하는 개인을 뜻할 때는 '-자'를 쓰는 반면에 (직업이 아니라) 그 분야에 종사하는 사람을 가리킬 때는 '-인'을 쓴다는 원칙이다.

그런데 여기에 반례를 이루는 듯이 보이는 예들, 그러니까 '-인'이 일시적인 행위나 활동, 상태를 가리키는 데 쓰인다고 주장할 수 있는 자료들이 발견된다. 직업으로서의 변호사가 아니라 사건을 수임하여 피고를 변호하는 역할을 일시적으로 수행하는 사람을 가리키는 말로 '변호자'가 안 쓰이고 '변호인'이라고 한다. 또 '피고인'(被告人). 고소인, 항소인, 상고인도 일시적 역할에 해당하므로 '-자'가 맞을 텐데, 오히려 '-인'을 쓰고 있다. 또 '-자'와 함께 '-인'을 쓰는 예들이 있는데, '신청인/자, 청구인/청구자, 매도인/자, 매수인/자, 임대인/자, 임차인/자' 등이 그러하다. 이상의 예들엔 공통점이 있는데, 모두 법률용어 또는 행정용어라는 점이다.

일상용어에 대해서는 위의 두 원칙으로 모두 설명이 되지만 이 같은 법률/행정용어에서는 '-자'의 자리에 '-인'이 쓰이는 반례를 보이는 것이다. '헌법'에 '당선자'라는 올바른 용어가 있음에도 불구하고 하위 법률들에 '당선인'이라는 표현이 쓰인 이유가 바로 이것이다.

그렇다면 왜 법률용어에서만은 일반의 원칙이 적용되지 않는 것일까? 이는 중국어와 일본어에서 '-인'과 '-자'의 사용 원칙을 분석해 보아야 할 일이다. 그러나 우선 중국어에서는 일상어에서 이미 '-人'(인)의 사용이 '-者'보다 훨씬 넓다는 점, 그러니까 우리말에서 '-자'가 쓰일 자리에 이미 '-人'을 쓰고 있다는 점을 고려하면 중국어의 영향이라고는 볼 수 없다. 따라서 일본의 법률용어들이 우리의 법률용어로 들어온 영향일 가능성이 높다 하겠다.

아무튼 위에서 밝힌 바와 같이, 논리적으로 일시적 사건에 의한 상태이므로 '당선자'가 옳지 '당선인'은 옳지 않다. 이는 '후보자'가 쓰이고 '후보인'이 쓰이지 않는 이유와 동일하다. 특히 '후보자'였던 사람이 '당선자'가 되는 것이 당연한데, 개표 후에 갑자기 '당선인'이 되는 것은 일관성도 결여한다. 자신을 대통령으로 뽑아준 유권자를 '유권인'으로 함께 격상(?)시키지 않는다면 본인도 그저 '당선자'로 남기를 바란다. 굳이 정치 발전을 위해서가 아니라 그저 우리말의 어법을 지키기 위해서라도.

'투표'(vote)의 어원은 '소망', 그렇다면 '책임'(reponsibility)은?

민주주의 국가에서는 투표가 자신의 정치적인 의사를 표명하는 가장 기본적인 행위이다. 투표란, 집단에서 공통의 의사결정을 가능하게 해주는 제도이다. 동양어권에서 투표(投票)는 단지 표를 던진다는 뜻이지만, 서양어권에서는 '소망'이라는 뜻이다. 영어와 프랑스어의 vote와 스페인어, 이탈리아어, 포르투갈어의 voto는 모두 소망을 뜻하는 라틴어 votum에서 기원하는 단어들이다. 흥미롭게도 프랑스어에는 이 라틴어 votum에서 기원한 단어 vœu가 있는데 여전히 '소망'이라는 뜻이 있다.

그런데 왜 '소망'을 뜻하는 단어에서 '투표'라는 뜻이 나왔을까? 공동체를 위해 일해 줄 후보가 있을 때 투표는 '이 후보가 우리를 위해 일하게 하소서' 하는 '소망'을 실현하는 행위이기 때문이다. 그러니까 "내일 투표를 합시다."라는 의미를 전하기 위해 "내일 소망을 합시다."라고 표현한 것이다. 이처럼 투표란 공동체의 미래를 위한 소망을 실천하는 것이다. 그런데 여기서 오해하지 말아야 할 것은 여기서 '소망'이 단순히 자신이 가지는 희망이 아니라는 점이다. 중세는 신(神)의 시대였기 때문에, '신에게 비는 소망'이라는 뜻이었다. 나의 소망을 들어줄 수 있는 존재는 사람이 아니라 오직 신이었기 때문이다. "하느님, 제게 이런 소망이 있으니 이를 들어주시기 바랍니다."라고 말한 것이다.

그런데 여기서 눈여겨보아야 할 점은 이 votum에 '소망'이라는 뜻 외에 '맹세'라는 뜻도 있었다는 점이다. 실제로 맹세를 뜻하는 영어 단어 vow가 여기서 나와서 여전히 '맹세'라는 뜻으로 쓰이고 있다.

그렇다면 왜 '소망'을 뜻하는 단어에서 '맹세'라는 뜻이 나왔을까? 이 때도 사람에 대한 맹세가 아니라 신에 대한 맹세라는 점을 생각해 보면 쉽게 답을 얻을 수 있다. 내가 신께 '소망'을 말하면 신께서 내 소원을 바로 들어주실까? 결코 그렇지 않다. 신께 소원을 빌면 그 대신 내가 신께 어떤 일을 하겠노라고 다짐과 맹세를 해야 한다. 그래야 신께서 이를 어여삐 여기셔서 내 소원을 들어줄 것이기 때문이다. 즉 나의 '소망'은 그 반대급부로 나의 '맹세'를 동반하게 되므로 이렇게 인접한 두 행위가 하나의 단어로 개념화된 것이다.

투표는 '소망'이다. 투표를 통해 우리의 소망을 실현하자. 그런데 소망하는 후보가 없을 때는 어떻게 해야 할까? 이럴 땐 그냥 '선택'을 하자. 다른 후보보다는 상대적으로 덜 나쁜 후보를. 좋든 싫든 투표는 필수적이다. 왜냐하면, 이후에 우리가 겪게 될 모든 정치의 합법성은 바로 이 투표에서 기인하기 때문이다. 혹여 기권을 선택함으로 인해 초래되는 모든 결과에 대해서는 각자가 책임을 져야 한다. 모든 인간은 궁극적으로 자신의 선택에 책임을 져야 하기 때문이다.

그런데 '책임'이란 무엇인가? '책임'이란 자신의 행위가 초래한 결과에 대하여 마땅히 짊어져야 하는 의무나 부담을 말하는데, 이같이 고도로 추상적인 개념을 옛사람들은 어떻게 언어로 표현하였을지 생각해 보면 흥미로울 것이다.

영어에서 '책임이 있는'을 뜻하는 responsible이라는 어휘는 라틴어에서 기원하여 고대프랑스어를 거쳐 들어온 말로 글자 그대로 해석하면

'답변(response)을 할 수 있는'이라는 의미를 나타내고 있다. 어떤 일에 책임을 진다는 것을, 질문이 왔을 때 답변을 해야 한다는 것으로 개념화한 것이다. 자신의 행위가 타인에게 해로운 결과를 초래했을 경우, 논리적으로 볼 때 왜 그렇게 했는지에 대해 응당 '답변'할 수 있는 유일한 사람은 자신이고 따라서 자신이 당연히 답변해야 하는 입장에 서기 때문이다. 그래서 만일 답변을 한다면 그는 책임감이 있는 사람이고, 만일 응당 해야 할 답변을 내놓지 않는 사람이 있다면 그는 무책임한 사람이 되는 것이다.

그러면 동양에서의 '책임'은 어떻게 개념화되어 있을까? '책(責)'은 '책망'(責望)에서처럼 꾸짖는다는 뜻이고 '任(임)'은 '임무'(任務)에서처럼 맡긴다는 뜻이다. 즉 윤리적 관점에서 올바르지 못한 결과를 초래한다면 호되게 꾸짖는다는 조건으로 일을 맡긴다는 의미이다. 그래서 책임을 진다는 말은 꾸지람을 받을 의무를 짊어진다는 것을 뜻한다. 이처럼 '책임'을 개념화할 때 서양에서는 논리적으로, 동양에서는 윤리적으로 접근하고 있다.

우리는 공동체의 미래를 결정할 중요한 일에 우리의 '소망'을 담는 일을 해야 한다. 만일 소망하는 후보를 정하기가 어렵다면, '책임'을 생각해 보자. 즉 어느 후보가 그나마 자신이 한 말에 책임을 질 수 있을 사람인지를 생각해 보는 것이다. 왜냐하면 정책이 세상을 바꾸는 것이지만 결국 그 정책을 공약한 사람이 실제로 그것을 시행할지를 신뢰할 수 있어야 하기 때문이다. 그러므로 자신이 약속한 말에 책임을 질 수 있을 것 같은 사람을 선택하는 것이라고 생각한다면 결정이 조금 더 수월해질 수 있을 것이다.

그러나 이 말을 굳이 강조하지는 않겠다. 왜냐하면 결국은 그렇게 될 것이기 때문이다. 많은 의사결정의 이론들이 있지만 한결같이 강조하는 것은, 누구나 마지막 단계에서는 계약의 내용이 아니라 계약 당사자의 신뢰성에 근거하여 계약할지 말지를 결정한다는 것이다. 고민하고 고민한 다음 도장을 찍을 때는 내용이 아니라 다만 사람을 살펴볼 뿐이다.

그렇다. 투표일을 얼마 남겨두지 않은 단계에서는 새로운 공약이 중요한 것이 아니다. 사람들은 이제 공약으로 후보를 판단하지 않는다. 그것에 관해서는 이미 정보 과잉 상태이다. 최종 결정을 앞둔 상태에서는 내용이 아니라 사람을 살펴볼 뿐이다. 그 사람이 책임을 질 사람인지에 대한 판단을 할 뿐이다.

그러므로 후보 캠프에서 신경을 써야 할 부분은 후보가 책임을 질 사람이라는 점을 부각하고 이를 사람들의 마음에 심는 것이다. 물론 말뿐이 아니라 표정과 태도, 궁극적으로 그러한 마음의 소유자임을 믿게 하는 것이다. 대통령 선거이건 지자체장 선거이건, 국회의원 총선이건 지자체 의원 선거이건, 어떤 종류의 투표에서건, 정말로 책임을 지는 사람이 당선되고 이를 통해 유권자의 소망이 이루어지기를 간절히 소망해 본다.

Lord와 Lady가 빵을 책임지는 사람이라고?

인간에게 음식 섭취 행위만큼 원초적인 것은 없다. 그래서 어느 언어에든 이를 소재로 한 상징적 표현들이 많이 있다. 예컨대 한국인에게 밥은 단순히 영양분을 취하는 물리적 행위를 넘어서 상대방에 대한 친밀함의 표시와 관심의 표현을 나타낸다. 그래서 우리는 다른 사람과 교류할 때 밥에 관한 이야기를 무척 즐겨 사용한다.

우선 만나면 바로 "밥 먹었어?"라고 인사하고, 고마운 일이 있으면, "밥 한번 살게."라고 하고, 무언가 상대에게 부탁할 일이 있을 때는 "나중에 밥 한번 살게."라고 하며, 헤어질 때조차 "나중에 밥 한번 먹자."라면서 끝을 맺는다. 참으로 놀라운 일관성과 수미쌍관(首尾雙關)식 구성이 아닐 수 없다. 심지어 밥을 먹는 와중에도 "그래, 역시 한국인은 밥심으로 사는 거야."라면서 화룡점정(畵龍點睛)을 찍는다.

이처럼 한국인에게 밥을 함께 먹는 행위의 중요성을 다시 한번 확인시켜 주는 단어가 하나 있는데, 이는 '식구'(食口)라는 말이다. '가족'(家族)이라는 말이 있음에도 불구하고 우리나라에서는 이를 따로 만들어 써왔다. 이는 중국어와 일본어에는 없는 한국어만의 한자어로서, 가족이란 밥을 함께 먹는 집단임을 강조하는 말이다.

밥을 먹는 행위가 워낙 원초적인 행위이다 보니, 우리는 어지간히 친하지 않고서는 밥을 같이 먹지 않는다. 심지어 싫은 사람과 함께 식사를 하면 '소화가 안 될' 지경이다. 최악은 '밥맛 없는' 사람이다. 정말로 싫어하는 사람을 식욕마저 떨어뜨리는 사람, 그래서 함께 밥을 먹을 수 없는 사람으로 묘사하는 것이다.

이처럼 밥을 함께하는 행위로 친밀함을 표현하는 언어들이 서양어에도 있다. 프랑스어의 경우 매우 가까운 친구를 뜻하는 말로 'copain'(코팽)이라는 단어가 있는데, 이는 '함께'를 뜻하는 co와 '빵'을 뜻하는 pain이 합쳐진 말로서 '빵을 함께 먹는 사이'라는 뜻이다. 이 단어는 영어의 company(컴퍼니)와도 역사를 같이하는데, 우리가 잘 알다시피 이는 '함께하는 사람'이나 '(집에 찾아온) 손님'과 같이 친밀감이 있는 사람들, 혹은 '회사'나 '중대' '극단' 등과 같이 공동의 목적으로 함께 일하는 단체를 가리킨다. 이 company는 12세기 중엽에 고대프랑스어의 compagnie(콩파니)로부터 유입된 말로 이는 라틴어 '함께'를 뜻하는 com과 '빵'을 뜻하는 panis의 결합으로 이루어진 말이다. 한마디로, 어떤 일도 함께할 수 있는 친밀한 사람들을 가리키는데, 사업을 같이하려면('회사'), 나아가 전쟁터에서 목숨을 같이 나누려면('중대') 빵을 같이 먹을 수 있는 정도로 가까운 사이여야 하지 않겠는가!

그런데 흥미로운 것은 '귀족' '영주'를 뜻하는 lord 역시 빵을 기반으로 형성된 개념이라는 사실이다. 고대영어(Old English) hlāfweard('빵'을 뜻하는 hlāf와 '지킴이' '관리자'를 뜻하는 weard의 복합어)로부터 hlāford를 거쳐 탄생한 말이다. 여기서 두음 h가 탈락한 뒤 lowerd, louerd, loverd, laford, and lhoaverdi 등의 다양한 변이형이 쓰였는데, 중간의 자음들 w, v, f 등이 탈락하고 현대영어의 lord에 이르렀다. 요컨대 lord는 '빵을 지키고 관리하는 사람'이라는 뜻이다. 영주(領主)와 귀족은 자신의 영지(領地) 주민들과 저택 식구들에게 나누어 줄 빵을 지키고 관리하는 사람인 것이다.

hlāfweard에서 '빵'을 뜻하는 hlāf(흘라프)는 오늘날 loaf(빵, 조각)가 되었는데, 이는 '높이다'는 뜻의 고대영어의 동사 hlifian에서 온 것으로 보이는데, 빵이 구워질 때 부풀어 오르는 모습('높이다')을 가리키다가 그 결과물인 빵 조각을 loaf로 부른 것으로 추정된다. '빵'을 가리키는 러시아어의 хлеб(chleb, 흘렙)과도 어원이 동일하다. loaf는 당시 '빵', 혹은 '빵 조각'이라는 뜻으로 쓰이다가 이후 빵을 뜻하는 단어로 주로 bread가 사용되기 시작하자 '조각'의 뜻으로 남게 되었다.

한편 '귀부인'을 뜻하는 lady도 lord와 같은 어원에서 온 말이다. 사실 lady가 영주의 아내 또는 귀족 여성을 뜻하는 말이니 너무 당연하지만. lady 역시 고대영어 hlæfdīġe에서 온 말로, 이는 hlāf(빵)와 dīġe(반죽(dough)을 만드는 이)의 복합어이다. 즉 '빵을 반죽하는 사람(bread-kneader)'이라는 뜻이다. 이로부터 중세 영어의 lady, laddy, lafdi, lavedi 등 다양한 변이형들을 거쳐 lady에 이르렀다. 참고로 우리말의 '며느리'도 '메'와 '나르'('ㅏ'는 '아래 ㆍ')가 결합한 말로 추정되는데 '메'는 '밥'을 뜻하고 '나르'는 '나르다'를 뜻하니 밥을 나르는 사람이라는 뜻이다. 요컨대 동서양을 막론하고 주식을 만들고 관리하는 일이 중요함을 알 수 있다.

한편 고대영어에는 hlafæta라는 단어도 있었는데, 이는 빵을 뜻하는 hlaf와 먹는 이(eater)를 뜻하는 æta로 구성된 복합어로서 글자 그대로 '빵을 먹는 사람'이라는 뜻이다. 그런데 놀라운 것은 이 말이 '하인'(domestic servant)을 뜻하기도 했다는 점이다. 집주인(lord)과 안주인(lady)은 생계를 책임지고 안전을 지켜 주는 사람이고 하인은 그들의 보호 아래 생계를 유지하는 사람이기 때문이다.

바로 이러한 개념, 즉 귀족은 생계를 책임지는 사람이라는 개념으로 인해 유럽의 귀족은 전쟁이 나면 직접 전쟁터에 나갔다. 그리고 항상 앞장을 섰다. 그래서 그들은 전쟁터에서 많이 죽었다. 그것이 그들의 존재 이유이기 때문이다.

이러한 유럽의 전통으로 인해 정치가들은 (모병제라 하더라도) 군대를 갔다 온, 특히 무훈을 세운 사람이 인기를 얻고 정계에서 입지를 다지는 데에 유리하다. 영국의 이튼 칼리지(Eton College)는 주로 귀족 자제들이 다니는 영국 최고 명문 사학 중 하나인데 이 학교 안에는 제1, 2차 세계대전에서 숨진 1900여 명의 이토니언(Etonian)을 추모하는 벽이 있다. 또 영국의 엘리자베스 여왕의 차남인 앤드류 왕자는 아르헨티나와의 포클랜드 전쟁에 조종사로 참전했고, 찰스 왕과 다이애나비 사이의 윌리엄과 해리 왕자도 군 복무를 했다. 이것이 바로 노블레스 오블리주(Noblesse oblige)의 전통이다.

그러나 우리의 모습은 어떠한가? 비록 삼국시대 신라의 귀족 자제로 이루어진 화랑이 전쟁터에서 앞장서서 목숨 걸고 싸우는 등 몇몇 기록은 있지만 서양처럼 양반의 자제들이 전쟁터에 앞장서는 문화는 없었던 것 같다.

그래서 그런가? 우리는 오히려 반대이다. 2016년 조사에서 대한민국 고위공직자의 병역면제 비율이 일반인의 33배에 달하는 것으로 나타났다. 빵을 만들고 지키는 lady와 lord의 전통, 우리는 만들 수 없을까? 밥을 중시하는 우리 민족이기에 기대를 걸어 본다.

심심한 사과가 심심하지 않은 이유

어느 콘텐츠 전문 카페의 게시문에 '심심한 사과'라는 표현이 논란이 된 적이 있다. 인기 작가의 사인회 예약과 관련하여 "예약 과정 중 불편 끼쳐 드린 점 다시 한번 심심한 사과 말씀드린다."라고 공지했는데, 이에 대해 다수의 SNS 이용자들이 "심심한 사과 말씀이라니 레전드" "심심한 사과? 난 하나도 안 심심하다" "어느 회사가 사과문에 심심한 사과를 쓰냐" 등 많은 비난을 쏟아 냈다. 깊고 간절하다는 뜻의 '심심(甚深)하다'를 권태롭다는 뜻으로 오해한 것이다.

왜 이런 일이 일어났을까? 혹자는 한자를 쓰지 않아서 발생한 문제라고 할지 모른다. 물론 한자어가 많은 동음이의어를 만들어 내는 구조도 이유 가운데 한 몫을 차지한다고 할 수 있지만 그렇다고 일상생활에서 한자를 쓰는 것이 해법은 아니다. 문맥 등이 해소해 주기 때문에 거의 문제가 되지 않는다. 그러므로 이 경우는 당연히 어휘력과 문해력 부족이 원인이라 할 수 있다.

그 어떤 언어에도 동음이의어(homonym)가 있으며 또 거의 대부분의 단어가 하나의 형태 내에 여러 뜻을 가지는 다의어(polysemous word)이다. 우리가 아무리 영어를 오래 공부했어도 여전히 어렵다고 하는 이유는 이들 동음이의어나 다의어 때문이라고 할 수 있다. 다 아는 단어들로 구성된 문장도 해석이 안 되는 경우들이 이를 말해 주고 있다. 한 단어가 가지는 여러 의미 가운데 어떤 의미를 선택하여 조합해야 할지 어렵기 때문이다. 워싱턴DC의 한국전 참전용사 추모공원(Korean War Veterans Memorial)에 새겨져 유명해진 'Freedom is not free.'('자유는 공짜가 아니다.')와 금연 구역에서 흔히 볼 수 있는 표현인 'smoking free area', 극장에서 주인이 없이 비어 있는 자리인지 물을 때 쓰이는 'Is this seat free?' 등에서 free는 '자유롭다'라는 의미 하나만을 알고 있다면 이해할 수 없거나 오해하기 십상인 표현들이다.

그런데 저하된 문해력으로 인해 이제 이런 현상은 심심치 않게 발생한다. '사흘'을 '4일'로 오해하는 학생들이 있고, 어느 고등학교에서 교사가 학생에게 '이지적'이라고 칭찬을 했음에도 그 학생은 오히려 교사가 자신을 쉬운 아이로 여겼다고 불만을 접수한 일도 있었다고 한다. 이와 반대로 교사로부터 '고지식'하다는 지적을 받고 이 말을 '고(high)+지식'으로 오해하여 오히려 칭찬받은 것으로 생각한 적도 있다고 한다.

이러다 보니 누리꾼들 가운데에서는 '심심하다' 파동에 대해 '무료하다도 공짜라고 해석하겠다'라고 비아냥거리는 사람도 있었고, '맥락만 봐도 무슨 뜻인지 알겠는데' '무식하면 검색해 보는 성의라도' 등의 반응을 보였다.

그렇다면 어휘력과 문해력 부재의 원인은 무엇일까? 그것은 교육이다. 어휘력과 문해력은 읽고 쓰는 독서 활동과 듣고 말하는 토론 활동을 통해 확장되는 능력이다. 그런데도 우리 교육은, 서양과 달리, 많은 책을 읽고 글을 쓰는 활동을 여전히 요구하지 않는다. 정해진 수의 몇 권 안 되는 학습서를 읽고 반복적으로 문제를 푸는 활동에 학생들을 매몰시킨다. 결국 젊은이들을 비난할 문제가 아니다. 어른들이 교육을 잘못하고 있기에 발생한 문제인 것이다.

그러면 우리는 왜 문제 풀이에 매몰되었는가? 평가를 통해 학생들의 실력을 변별하기 위해서이다. 본래 평가는 교육의 결과를 측정하는 수단인데, 우리는 교육이 평가를 위해 이루어지는 방식으로 역전되었다.

그러면 왜 우리의 교육은 평가를 위한 수단이 되었을까? 선진국을 빨리 따라잡기 위해서 지식 습득 위주의 교육이 필요했기 때문이다. 선진국이 이미 시행착오를 통해 알아내었던 가장 효율적인 답, 즉 정답을 주입하는 방식을 적용한 것이다.

그러나 대한민국도 이제 선진국의 문턱에 들어섰다. 문제의 최전선에 있는 나라에 정답이란 없다. 단지 보다 나은 답이 무엇인지를 찾는 일이 필요할 뿐이다. 단순히 암기력이 아니라 비판적 사고와 창의력 등 고차원적 사고 능력을 배양하는 것이 중요해졌다.

그리하여 우리나라는 이제 눈을 돌려 서구 선진국의 교육방식을 살펴보았다. 그들은 책을 읽고 자신이 생각하는 바를 쓰는 에세이 중심의 교육을 시행하고 있음을 알았다. 그래서 에세이를 '논술'로 번역하여 이를 우리 교육에 도입하기를 시작하였다.

그런데 우리는 교육방식의 전면 쇄신을 위해 도입하지 않고 토론식 수업과 수행평가 등의 형태로 제한적으로만 적용하였다. 따라서 교육을 근본적으로 변화시키는 대신, 이를 대학 입시에 적용하는 쪽으로 방향을 틀었다.

그러면 왜 책을 많이 읽고 글을 쓰고 토론하는 방식으로 수업을 근본적으로 개편하지 않았을까? 그것은 대학입시에 대비하는 효과적인 수단이 아니기 때문이다. 즉 많은 책을 읽는 대신 논술시험에서 답안을 잘 작성하는 능력을 배양하는 방식으로 우회했기 때문이다.

서양에서는 초등학교 때부터 실시하는 교육방법으로서의 에세이 교육이 한국에서는 논술시험으로 퇴락하고 말았다. 에세이가 교육방법이 되어야 하는데 평가방법이 되었다. 그래서 실패했다. 이는 잘 가르치려는 노력보다 좋은 학생을 받고자 노력하는 대학들과, 잘 배우기 위해서가 아니라 좋은 대학 졸업장을 받기 위해서 대학에 가는 학생들의 공모가 이루어 낸 결과이다.

우리 교육의 근본적인 문제는 명확하다. 이처럼 교육의 목적과 수단이 전도된 것이 그것이다. 사실 지금 이루어지고 있는 모든 고등학교의 교육은 입시 위주의 교육이다. 교사들이 입시라는 평가를 위해 교육을 하는 것이다. 교육을 얼마나 잘 받았는지를 평가하는 것이 아니라, 평가에 맞추어서 교육하는 것이다.

평가 위주의 교육이 낳는 폐해는 한국인의 영어 교육에서 쉽게 확인할 수 있다. 그렇게 오랫동안 영어를 배워도 한국인이 여전히 영어를 잘하지 못하는 이유가 그것이다. 실제 영어 능력 향상보다 시험에서의 고득점 획득의 요령에 맞추어 공부하다 보니, 시험 성적은 높아도 영어로 이루어지는 대학 강의를 듣고 이해하고 토론하는 데에는 다른 나라 젊은이들에 비해 형편없이 능력이 떨어진다.

시험 위주의 교육은 또한 국가 전체의 역량에도 한계를 설정한다. 종이, 화약, 나침반 등 세계 과학의 3대 발명이 모두 중국에서 나온 것을 보면 알 수 있듯이, 13~14세기까지만 하더라도 유럽에 월등히 앞서 있던 중국의 과학이, 과학혁명을 통해 근대과학으로 발전한 유럽에 뒤처져 버린 이유로 조셉 니덤(Joseph Needham)이 그의 저서 『중국의 과학과 문명』에서, “실험과 수학에 기반한 과학이 아니라 지식 암기를 측정하는 ‘과거제도’에 있음”을 지적한 것은 의미심장하다.

이제 우리는 선택해야 한다. 논술을 평가의 수단으로 둘 것인가 아니면 교육의 방법으로 제 위치를 찾게 할 것인가?

'이모'와 '삼촌'의 사회학

"이모, 여기 젓가락 좀 갖다 줄래요?"

"여기 있어요, 언니."

식당에서 들은 옆 테이블의 손님과 종업원 사이의 대화인데, 둘 사이의 관계는 무엇이길래 '이모'라고 부른 사람한테 '언니'라고 하는가? 물론 막장 드라마처럼 출생의 비밀이 있는 것도 아닌데.

요즘 이런 이상한(?) 호칭들이 난무한다. 예컨대, 중년의 남성이나 여성이 상점이나 병원 같은 곳에 가면 기본적으로 듣는 호칭이 '아버님' '어머님'이다. 이런 식의 호칭에 이제는 만성이 되어 그러려니 하는 사람들도 있지만 여전히 어색해하거나 심지어 불쾌감을 느끼는 사람들도 많다.

왜 이런 호칭이 사용되기 시작했을까?

언어학적 관점에서 보면 사실 이런 현상은 낯선 것이 아니다. 우리말에는 오래전부터, 본래 친족을 가리키는 단어를 비슷한 연령대의 일반인을 가리키는 말로 확장하는 기제가 있었기 때문이다.

우선 '할아버지'와 '할머니'가 그러하다. 이들은 본래 조부(祖父)와 조모(祖母)를 가리키는 친족어이지만, 어린아이를 기준으로 볼 때 조부모와 비슷한 연령대에 있는 사람, 즉 '노인'을 가리키는 말로도 쓰인다. 분명 자신의 할아버지와 할머니가 아닌데도 말이다. 영어에서는 친족어로서의 의미, 즉 조부, 조모의 의미로는 grandfather, grandmother라고 하지만 단지 노인을 가리킬 때는 old man, old lady라는 다른 단어를 쓴다. 우리말에 '할아버지'가 이렇게 두 가지 뜻이 있다 보니 혼동을 일으키는 예도 있는데, 예전에 어떤 젊은 학생 통역이 '저 할아버지가 물건을 가져갔다'라고 하는 말을 'the old man'이라고 하지 않고 'the grandfather'로 통역하는 것을 보았다.

다음으로 '아주머니' '아저씨'가 있다. 이 말들도 본래는 아버지, 어머니와 같은 항렬의 친척, 예컨대 오촌 당숙을 지칭하는 친족어이지만, 요즘은 오히려 일반인을 가리키는 말로 더 많이 쓰이고 있다. 사실 요즘은 사촌들도 잘 안 보는데, 오촌을 볼 일이 있겠는가!

그다음으로 또 '형' '언니' '누나' '오빠' 같은 단어들도 그러하다. 이들도 본래는 친족어이지만, 전혀 피가 섞이지 않은 학교 선후배나, 그저 가까이 지내는 사람을 친근감 있게 부를 때 많이 쓴다. 특히 '오빠'는 남자친구를 부를 때 쓰는 말로 워낙 많이 쓰여서 친오빠와 함께 있을 때는 누구를 지칭하는 것인지 헷갈릴 수 있다. 심지어 결혼 후에 남편이 되어도 계속 '오빠'라는 호칭을 사용하는 경향이 있는데, 이런 용법까지 사전에 수록한다면, '오빠'의 뜻풀이를, '같은 부모에게서 태어난 손위 남자'라는 본래의 의미뿐 아니라 '자신보다 나이가 많은 친한 남자'에서부터 '남자친구 또는 애인'과 '남편'까지도 추가해야 할 것이다. 의미의 전이가 심해도 너무 심한 편이다.

그래도 여기까지는 괜찮다. 이런 단어들을 친족이 아닌 사람들에게 쓰는 것은 이제 전 국민적인 동의가 있기 때문이다.

그러나 십여 년 전부터 일단의 단어들에서 보이는 이상한 의미의 확장은 사람들 사이에 아직 완전한 동의가 마련되어 있지 않다. 우선 식당의 종업원 같은 서비스업 종사자들을 '이모'와 '삼촌'으로 부르는 것을 들 수 있다. 아니 도대체 처음 보는 사람을 왜 이렇게 부를까? 어린아이의 관점에서 보면 이들이 이모와 삼촌의 연령대에 있는 사람들이기 때문에 그들을 친근하게 부르는 것이다. 여성 종업원의 경우에는 '언니'라고도 불리는데, 심지어 머리가 백발인 할아버지('조부'가 아니라 '노신사')도 이들을 '언니'라고 부를 정도이다. 처음엔 이런 분들이 여종업원에게 '언니'라고 부를 때면 한번 돌아다보기도 하였다. 화자가 나이 지긋한 남성임에도 '언니'라고 부를 정도이니 이 정도면 친족어적인 기원을 완전히 벗어났다고 말할 수 있다.

그런데 급기야는 '아버님' '어머님'이라는 단어들까지 여기에 가세하기 시작한 것이다. 아직 '아버지' '어머니'라고까지는 하지 않는 것 같은데, 과연 이렇게까지 진척이 될지는 두고 볼 일이다.

이처럼 친족에게만 쓰는 호칭을 피 한 방울 안 섞인 일반인을 지칭하기 위해 사용하는 이유는 무엇일까? 아마 상대방에게 그만큼 친하다는 느낌을 주고자 하는, 즉 친근감을 기반으로 관계를 확장하고자 하는 심리적 의도가 있어서 그럴 것이다. 그렇다, 친근감!

그런데 바로 이 친근감이 문제이다. 말하는 이에게는 '친근감'이지만 상대에게는 '부담감'일 수 있기 때문이다. 심지어 언제 봤다고 친한 척하느냐고 불쾌감을 느끼는 사람들도 많다.

또 다른 하나의 동인은, 모르는 사람을 아이에게 설명할 때 쉽고 간단하게 설명하려는 의도라 할 수 있다. 아직 세상 물정을 모르는 어린아이가 "저 사람 누구야?"라고 할 때 설명하기도 어렵고 복잡하게 느껴질 때 어떻게 하겠는가? 그냥 이미 알고 있는 '삼촌'에 빗대어 그냥 삼촌 같은 사람이라고 간단히 설명하기 위해 '삼촌'이라고 부르면 편할 것이다.

지금까지 보았듯이, 우리말에는 친족을 가리키는 말이 그 의미를 일반인으로 확장하는 시스템이 분명 있다. 그런데 이것이 언제부터인가 '언니' '오빠'를 넘어 '이모' '삼촌'의 영역까지 침범(?)해 왔다. 그리고 급기야 '아버님' '어머님'의 영역에까지 들어온 것이다.

그런데 문제는, 앞서 이야기했듯이, 이 '아버님', '어머님' 호칭에 대해서는 아직 많은 사람들이 거부 반응을 보인다는 것이다. 이는, 사람들이 이 두 단어를 친족용어 확장의 마지노선으로 느끼기 때문이지 아닐까 싶다. 아마도 아버지와 어머니는 다른 친족과 비교할 때 가까워도 너무나 가까운, 그래서 결코 다른 사람으로 대체할 수 없는 사람이어서, 그렇게 느끼지 않을까. 부모는 결코 다른 사람으로 대체되어서는 안 되는 사람이지 않은가! 아니 어쩌면 그보다 이 같은 친근감을 담보로 하는 상업적인 마케팅이 우리의 원초적 혈연관계까지 위협한다는 불쾌감과 불안감 때문은 아닐까?

ETYMOVERSE

CHAPTER 3

3장

단어 쪼개기

9791197909955 03700

테라스, 발코니, 베란다의 차이점은?

부동산은 한국인에게 참 핵심적인 영역이다. 신문을 보아도 부동산 섹션이 별도로 있을 정도이고 방송에서도 <구해줘 홈즈>라는 프로그램이 인기인 것을 보면 그렇다. 그리고 결정적으로 20대 대통령 선거에서 정권 교체를 만든 1순위 요인이었으니 말 다 했다.

그런데 부동산 얘기를 하다 보면 테라스, 발코니, 베란다에 대해 말을 하게 되는데, 이것들을 구분하기 어려워하는 사람들이 많이 있다. 그런데 영어 단어에 대한 조금의 지식만 동원해도 간단히 혼동을 피할 수 있다.

우선 테라스는 terrace라고 표기되는데, 이는 라틴어 terra에서 온 말로 '흙, 땅, 지구'를 뜻한다. 맥주 브랜드 네임 가운데 '테라'(terra)가 있는데, 그만큼 맥주의 원료인 좋은 맥아를 만들기 위해 좋은 테라(땅)에서 재배했음을 강조하는 말이다.

포도주의 품질을 결정하는 요인 중 가장 중요한 것도 포도의 재배 환경, 즉 밭의 토양과 기후적 조건을 뜻하는 terroir(테루아르)이다. 그런데 한국에서는 흔히 '테루아'라고 표기를 하는데, terroir의 마지막 r가 발음되기 때문에 '테루아르'라고 해야 맞다.

terra rosa(테라로사)는 '붉은 땅'이라는 뜻으로, rosa는 영어의 rose, 즉 장미를 뜻한다. 장밋빛이니 붉은색이다. 이 붉은 땅은 철분이 풍부하고 배수가 잘되어 커피 경작에 좋다고 알려져 있다. 그래서 '테라로사'라는 카페가 많다. 그리고 테라코타(terracotta)에도 terra가 들어 있는데, 뒤의 cotta는 '굽기, 태우기'라는 뜻이다.

개의 품종 중 하나로 '테리어'(terrier)가 있는데, 이 말도 terra(땅)를 어원으로 하고 있다. 15세기 초 고대프랑스어 'chien terrier'에서 온 말인데, 영어로 직역하면 terrier dog, 즉 '흙 개'라는 뜻이다. 이는 이 개가 여우나 오소리 같은 사냥감을 땅굴 속으로 쫓아 들어가는 습성이 있어 그렇게 명명되었다. 땅속이나 바위굴, 작은 굴속에 사는 쥐, 여우, 수달 등을 사냥하는 데 뛰어난 능력을 발휘하는 견종이다.

또한 영어의 territory(영토), terrain(지형, 지역)을 생각해도 좋다. 외계인을 왜 ET라 하는가? Extra Terrestrial의 약자인데 후자가 '지구의'라는 뜻이다. 즉 지구 밖에서 온 사람이라는 뜻이다. 그러니 테라스는 1층의 땅에 확장된 부분을 가리키는 말이 된다.

반면에 발코니(balcony)는 2층 이상에서 공중으로 돌출되게 만들어 난간을 친 공간을 의미한다. 이는 본래 이탈리아어로 '발코네'(balcone), 즉 높은 곳에서 공사를 할 수 있도록 임시로 설치한 가설물인 비계를 뜻하는 말이었다. 이로부터 건축물의 외벽에 접하여 부가적으로 설치되는 공간, 즉 건축물의 내부와 외부를 연결하는 완충 공간으로 전망이나 휴식 등을 목적으로 설치하는 공간을 가리키게 되었다. 그러다가 일반 극장의 위층에 바깥쪽으로 튀어나오게 만든, 특별한 자리를 가리키는 말로 확장되기도 하였다. 오페라에서 귀족들이 작품을 감상하는 좌석도 이 발코니이다.

발코니가 벽에서 공중으로 돌출되어 나온 공간이니 1층에 있을 수가 없다. 1층에는 오직 '흙'과 '땅'을 뜻하는 terra의 '테라스'만 있을 수 있을 뿐이다.

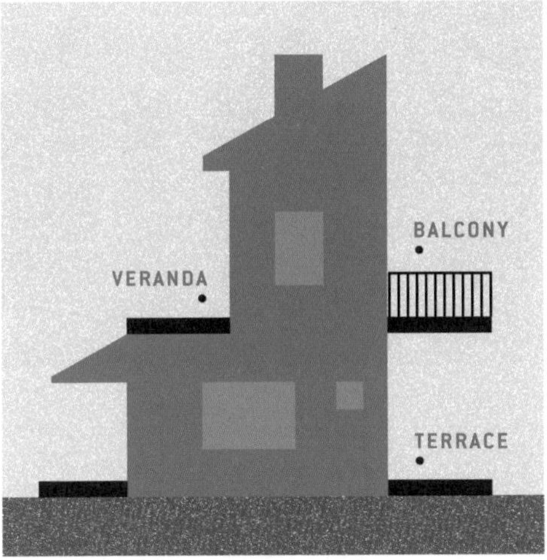

테라스, 발코니, 베란다

그렇다면 베란다는 무엇인가? 이는 어원이 정확히 밝혀진 말이 아니라 단지 힌디어 '바란다'(varanda)에서 온 말로 인도로부터 영어에 유입된 것으로 추정된다. 그래서인지 이 veranda는 사실 나라마다 그 뜻하는 바가 다양하다. 국어사전에 찾아보면 다음과 같이 나온다.

1. 집채에서 툇마루처럼 튀어나오게 하여 벽 없이 지붕을 씌운 부분. 보통 가는 기둥으로 받친다. '쪽마루'로 순화.
2. 위층이 아래층보다 면적이 좁을 때, 위층과 아래층의 면적 차로 생긴 부분. 아래층의 지붕 쪽에 생기는 여유 부분을 이른다.

우리나라에서는 위 그림에서 veranda로 표시된 부분처럼 위층과 아래층의 바닥 면적 차로 인해 얻어지는 공간을 가리킨다.

지붕, 난간 있는 베란다

유리 두른 베란다

왼쪽 사진에서 보듯이 영어권에서는 대체로 지붕을 두르고 난간을 친 데크(a usually roofed open gallery or portico attached to the exterior of a building)를 가리키는 반면에, 프랑스어권에서는 오른쪽 사진에서 보듯이 여기에 보온 목적으로 유리까지 두른 닫힌 공간을 가리키는 경우가 많다. 어떤 타입의 베란다이건, 베란다가 있다면 그 공간은 참 아늑한 공간이 될 것이다.

그런데 집을 구하다 보면 흔히 '뷰'가 좋다느니 나쁘다느니 하는 말을 많이 쓴다. 나는 이 말을 들으면 공연히 화가 난다. '전망'이라는 좋은 우리말이 있는데도 굳이 쓰기 때문이다. 우리말 '전망'이 감당하지 못할 개념도 아닌 데다, 오히려 영어 단어 '뷰'(view)가 더 평범한 말이다. 이는 프랑스어 vue(뷔)에서 영어로 넘어온 말로서 본래 '보다' 뜻을 가진 동사 voir의 과거분사(여성형) vue에서 명사로 전성된 것이다. 그냥 '보이는 것'(seen)이라는 뜻이다.

이 말에서 파생된 프랑스어 '데자뷰'(déjà)도 많이 쓰이는데, 이는 영어로 직역하면 '이전에 보인 것'(already seen), 즉 한 번도 경험한 일이 없는 상황이나 장면이 언제, 어디에선가 이미 경험한 것처럼 친숙하게 느껴지는 일(기시감, 旣視感)을 가리킨다.

아무튼 이 '뷰'(view)가 매우 다양한 단어를 만드는 데 동원되었다. '리뷰'(review)는 다시 보니까 '복습'을 뜻하고, '프리뷰'(preview)는 미리 보니까 '예습' '오버뷰'(overview)는 위에서 보니까 '개관, 개요'를 뜻한다. 물론 '뷰포인트'(viewpoint)는 보는 점이니까 '관점'(觀點)을, '뷰어'(viewer)는 보게 하는 장치 혹은 시청자를 뜻한다. 구직을 위한 면접이나 언론과의 회견을 가리키는 말로 '인터뷰'가 있는데, 이 역시 '뷰'에서 온 말로서, 두 사람이 '서로를 바라본다'(inter-view)는 의미로 만들어진 것이다.

골프 관중이 '갤러리'로 불리는 이유

'갤러리'라는 말은 우리말에서 '화랑'을 뜻하는 말로 주로 쓰이며, 골프에서는 '관중'을 뜻하는 말로 쓰이는 외래어이다. 왜 이렇게 서로 닮지도 않은 두 뜻이 하나의 단어에 담기게 되었을까? 영어 단어 gallery는 중세 라틴어 galeria에서 온 말이다. 이는 교회 안의 작은 기도실 혹은 현관(church porch)을 뜻하는 galilaea에서 왔다. 그런데 당시 교회의 현관은, 지금처럼 그냥 현관만 덜렁 있는 형태가 아니라, 대개 지붕이 얹혀 있고 벽으로 둘러싸인 구조였기 때문에, 이로부터 14세기경에 (실외의) 벽을 따라 난 좁은 통로나 (실내의) 기다란 복도를 뜻하는 고대프랑스어 galerie가 나왔다. 그러다가 이것이 15세기에 영어로 편입되어 gallery가 탄생되었다.

당시 복도에는 그림이나 조각품(물론 당시에는 기독교의 성화(聖畫)들만 있었지만)들을 걸거나 세워 놓았기 때문에, 이 단어는 자연스럽게 미술품 전시공간이라는 뜻으로 확장되었다(16세기 후반). 그래서 지금 화랑을 뜻하는 말로 갤러리가 쓰이게 된 것이다.

한편 극장에서도 가장자리에는 미술품들을 전시하였는데, (주로 귀족들이 앉는 중앙의 홀에 배치된 좌석들이 아니라) 이 같은 주변부 좌석들이 있는 구역, 특히 제일 높고 멀어서 가격이 싼 좌석들이 배치된 구역을 가리키는 말로도 쓰이게 되었다. 즉 극장에서 갤러리는 가격이 싼 좌석이

교회 현관(church porch)

라 대중들이 앉게 되는, 가장자리의 높은 구역(2층 혹은 3층 객석)을 뜻하게 되었다. 그러다가 여기에 모인 관객들도 그냥 갤러리라고 부르기 시작했다. 그리고 이것이 테니스나 골프와 같은 스포츠의 관객들도 갤러리라고 부르게 된 기원이 되었다.

이제 웹스터 사전(Merriam-Webster Dictionary)의 gallery 항목을 보면 어떻게 네 가지 뜻이 변천해 왔는지를 이해할 수 있을 것이다.

a. 사람들을 더 수용하기 위해서 교회나 강당의 벽에서 내부로 튀어나오게 만든 추가 좌석 부분, 특히 극장에서 대개 가격이 가장 싼 발코니 좌석 structure projecting from one or more interior walls (as of an auditorium or church) to accommodate additional people, especially the highest balcony in a theater commonly having the cheapest seats
b. 높은 갤러리에 앉은 극장의 관객 the part of a theater audience seated in the top gallery

(실외의) 벽을 따라 난 좁은 통로

c. 익명의 일반 대중 the undiscriminating general public
d. 테니스나 골프 경기 같은 스포츠 행사에서의 관객들 the spectators at a sporting event (such as a tennis or golf match)

앞에서 gallery는 교회의 현관을 뜻하는 라틴어 galilaea에서 왔다고 했다. 그렇다면 이 어휘는 어디에서 온 것일까? 이는 예수가 가르침을 행하던 팔레스타인 최북단의 땅 갈릴리(Galilee)를 뜻하는 라틴어 Galilaea에서 온 것으로 일반적으로 추정한다. 즉 기독교의 본고장 '갈릴리'가 교회의 현관을 뜻하는 '갤러리'가 된 것이다. 그러니까 '갈릴리'에서 출발하여 교회 현관을 거쳐 복도에 이르렀고, 복도에 미술품을 전시하다 보니, 여기서 미술품 전시공간으로 확장되고, 또 작품이 전시되는 극장의 주변부 공간으로, 거기에서 다시 그 공간에 앉는 관객들을 거쳐 스포츠 관중으로 온 것이다.

(실내의) 기다란 복도

요컨대 갤러리는 종교의 영역에서 출발하여 예술의 영역으로 넘어왔고 결국 스포츠의 영역에까지 왔다. 참 다양한 영역의 넘나듦이다. 그러나 가장 중심적 매개의 영역은 예술이 아닐까? 예술품이 있는 공간!

'팬덤'은 그냥 '팬클럽'이 아니야!

요즘 팬덤 정치에 대해 말이 많다. 주로 그것의 폐해를 지적하는 말들이다. 2022년 6·1지방선거를 앞두고 저조한 당의 지지율을 끌어올리기 위한 비상 대책의 하나로 더불어민주당의 공동비상대책위원장이 대국민 사과와 함께 팬덤 정치에 대한 쇄신을 내세울 정도였다. 도대체 '팬덤'(fandom)이란 무엇이길래 이토록 말이 많은 것일까?

우리는 보통 이 말을 BTS의 '아미'(Army)와 같이 특정 연예인의 열성적인 팬들의 모임을 일컫는 말로 알고 있다. 그리고 이것이 연예인이나 스포츠인을 넘어 정치인의 영역까지 넘어와서 적용되는 것으로 알고 있다.

그렇다면 드는 생각이, 왜 '팬클럽'이라는 말이 있는데 굳이 '팬덤'이라는 말을 쓸까 하는 의문과 그런 의미라면 왜 '팬덤 정치'가 그렇게 비난받아야 할 일일까 하는 의문이다.

우선 첫 번째 의문부터 살펴보자.

헨리 젠킨스(Henry Jenkins)가 지적한 대로, 팬덤은 단지 소비에 그치지 않고 다른 팬들과 상호 소통을 통해 제작에도 창조적이고 능동적으로 영향력을 행사하거나 참여하는 집단이라는 점을 들 수 있다. 그러다 보니 이제 팬덤은 비즈니스 세상을 움직인다. 주지하다시피 BTS 성공의 밑바탕에는 팬덤이 있었다.

그런데 이와 같은 적극적인 소비자 행동주의의 구현은 인터넷의 발달과 스마트폰의 보급으로 가능해진 변화이다. 과거의 팬클럽은 연예인과 팬들의 만남, 그리고 정치인과 유권자의 만남을 정기적 모임이나 이벤트를 통해서만 이루었지만, 요즘의 팬덤은 다양한 매체를 통해, 그리고 매우 용이한 방식으로 이룬다. 거기에다 최근에는 사회관계망서비스(SNS)를 통해 너무나도 자주, 쉽게 시간과 공간의 제약 없이 이루고 있다.

그러므로 이러한 요인으로 인해 과거의 '팬클럽'이라는 용어는 최근의 이 같은 개념을 포괄할 수 없는 상태가 되었다. 이러한 수요에 부응하여 사용된 것이 '팬덤'이다.

그렇다면 팬덤은 이렇게 바뀐 개념을 수용하기에 적합한 단어인가? 이는 이 어휘의 어원을 살펴보면 답이 나온다.

fandom은 '애호가, 열성적 추종자, 지지자'를 뜻하는 'fan'과 접미사 '-dom'으로 구성되어 있는데, 영어에서 '-dom'으로 끝나는 단어는 크게 두 계열로 나뉜다. 첫째 계열은 명사 뒤에 '-dom'이 오는 것들인데, fandom(팬들의 집단) 외에 kingdom(왕국), stardom(스타덤, 스타의 반열), officialdom(관료집단) 등이 그러하다. 둘째 계열은 형용사 뒤에 '-dom'이 오는 것들로 '상태'를 나타낸다. freedom(자유), wisdom(지혜), boredom(지루함)이 그 예가 된다.

첫째 계열에 속하는 단어들에서 '-dom'의 의미를 보면 '사람들이 이루는 집단'이라는 뜻을 나타내는 것이다. 그렇다면 왜 이러한 뜻을 갖는가?

dom은 본래 고대영어(Old English)에서는 '판단, 심판, 규정, 법규'의 뜻을 가지고 있었다. 이 단어는 세 가지 방향으로 진화하게 되는데, 우선 첫째가 현대영어 doom으로의 변화이다. doom은 '죽음, 파멸'을 뜻하는데 이는 '판단, 심판'의 뜻으로부터 doomsday(심판의 날)를 탄생시켰고 '최후의 심판일'이라는 종교적 의미로 확장되었다. 여기에서 doom 자체가 '최후의 심판'이라는 뜻을 얻게 되고 이 뜻이 '죽음, 파멸'이라는 뜻으로 다시 확장된 것이다.(<둠스데이–지구 최후의 날>이라는 제목의 영화를 기억하는 분들이 있으리라! 또 '둠스데이'는 슈퍼맨을 죽인 것으로 유명한 DC 코믹스의 슈퍼 빌런의 이름이기도 하다.)

다른 한편, dom은 본래의 '규정, 법규'라는 뜻으로부터 '법규로 다스리는 지역', 즉 '관할구역(jurisdiction), 영토', 혹은 그 '집단'의 뜻을 얻게 되었는데, 이 뜻으로는 접미사로 쓰여 많은 복합어를 만들었다. kingdom(왕의 영토), earldom(백작의 영지), fiefdom(봉건 시대에 농민들에게 빌려주던 영주의 땅), officialdom(관료집단) 등이 그 예가 된다.

dom은 또 다른 한편으로 법규로 다스려지는 대상의 '상태' '지위'라는 뜻으로도 의미가 확장되었는데, 위에서 말한 freedom, wisdom, boredom이 그러하다.

팬덤(fandom)은 킹덤(kingdom)처럼 '팬들의 관할구역, 영토' 혹은 '팬들의 집단'이라는 의미가 되는데, 이러다 보니 팬덤은 특히 킹덤의 영향으로 인해, '팬들의 왕국'이라는 어감을 얻게 된다. 실제로 팬덤을 사전에 따라서는 '열광적 팬의 왕국[영역]'(the realm of avid enthusiasts)으로 정의하기도 한다.

따라서 팬덤은 단순히 팬클럽이 아니다. 단순히 동호인들의 모임인 '클럽'이 아니라, 규정, 법규가 지배하는, 그리하여 체계를 갖춘 팬들의 집단이 되는 것이다. 그러므로 과거의 팬클럽이라는 용어는 맞지 않게 되어 이러한 체계성을 갖춘 집단이라는 의미를 더욱 잘 전달하는 '팬덤'이라는 용어를 사용하게 된 것이다.

이제 왜 '팬덤 정치'가 그렇게 비난받아야 할 일일까 하는 의문을 살펴보자.

'팬덤'의 '팬'은 '광적인 사람'을 뜻하는 fanatic에서 왔는데, 처음에는 '미친, 제정신이 아닌(insane) 사람'을 뜻하는 라틴어 fanaticus에서 왔다. 여기에 더해 '화난 사람'이라는 뜻으로도 쓰였다. 그러다가 이후에 긍정적인 의미인 '몰두하는, 열성인 사람'이라는 뜻을 얻었다. 요컨대 부정적 광기에서 출발해서 긍정적 애호나 지지의 의미로 전환된 것이다.

이러한 '팬'의 의미 전이에서 볼 수 있듯이, 인간의 사유는 긍정과 부정의 방향을 넘나든다. 이번에는 '팬덤'이 긍정에서 부정으로 넘어간다. 사실 특정한 사람들에 대한 애정과 감정적 유대에 기반하는 팬덤이 그 자체로는 나쁠 것이 없다. 이는 매우 자연스러운 인지상정이다. 그러나 요즘은 부정적인 측면이 많이 드러나고 있다.

우선 자신이 흠모하는 정치인에 대한 절대적 지지는 그를 오류 없는 절대자로 신화화하는 경우가 많다. 이러한 태도는 지지 대상자가 큰 잘못을 저질러도 너무도 쉽게 소위 '내로남불'로 덮어 버리게 하고, 나아가 반대파에 대해서는 혐오와 증오를 퍼붓는 공격을 서슴지 않고 감행하게 한다. 자기가 지지하는 정치인에 대한 비판을 조금도 허용하지 않기 때문에, 당내 민주주의도 부정하는 문제를 드러낸다.

데이비드 미어먼 스콧과 레이코 스콧은 『팬덤 경제학』에서, 정보와 제품이 넘쳐나는 시대에 고객이 너무 쉽게 이 브랜드에서 저 브랜드로 옮겨 다니기 때문에 팬덤 없는 비즈니스는 필연적으로 실패한다고 했다. 이러한 팬덤은 정치에도 마찬가지이다. 사실 정치인도 유권자의 인기를 얻지 못하면 정치적 생명을 유지할 수 없기 때문이다.

앞에서 살펴보았듯이 '-dom'이 '규정, 심판'에서 '파멸'(doom)로 갔듯이, 그리고 fan이 '부정적 광기'에서 '긍정적 애호'로 갔듯이, 인간의 사유는 극단을 넘나든다. 결국 정도의 문제이고 방향의 문제이다. 어느 정도까지 가느냐에 따라, 그리고 어느 방향으로 향하느냐에 따라 결과가 달라질 뿐이다.

그렇다면 어떻게 올바른 방향을 잡을 것인가? 사람에 대한 선호가 어쩔 수는 없지만 가급적이면 사람보다는 공동체의 발전을 지향하는 가치를 중심으로 정치적 판단을 내리는 것이 바람직하지 않을까? 아무리 흠모하고 추종하는 숭배의 대상이라 하더라도 사람은 잘못을 저지르고 결국은 부패한다. 우리가 특정 종교의 성직자 중 부패한 사람이 있더라도 그 종교가 추구하는 올바른 가치를 선택하여 믿음을 가지듯이, 사람보다는 가치에 조금 더 우위를 두고 선택하는 것이 팬덤 정치에 빠지는 것을 막을 수 있는 방법이 아닐까 한다.

팬덤 자체가 아니라 팬덤의 문화가 문제이다. 팬덤이 국가와 사회에 약이 되느냐 독이 되느냐는 팬덤 구성원들의 의식에 달려 있다.

우리의 팬덤 문화가 긍정의 fandom으로 남기를, kingdom이 되지 않기를 소망한다!

'미나리'와 '미더덕'—의외의 어원

영화 <미나리>가 미국 아카데미상에서 여우조연상을 따냈다. <미나리>는 미국 중에서도 가난한 오지로 알려진 아칸소에 정착하려는 한국계 이민자들의 이야기라는 점에서 미국적 정서를 대변하는 작품이기도 하지만 낯선 곳에서 정착하는 가족이 겪는 아픔이라는 보편적 정서를 잘 그려낸 작품이라는 점에서 전 세계인의 감동을 불러일으킬 만하다.

'미나리'는 어원적으로 '물에서 나는 나리[百合]'라는 뜻이다. 물의 고어형 '믈'에 '나리'가 더해져 형성된 '믈나리'에서 '미나리'에 이르렀다. 이런 구성을 보이는 단어들이 몇 개 있는데, '미더덕'도 '물에서 나는 더덕'이라는 뜻으로 합성된 단어로 추정되고, 냇물이나 강물에 들어가 몸을 씻거나 노는 일을 뜻하는 '미역'도 물을 뜻하는 '미'에 접사 '여귀'가 더해져 만들어졌다는 학설이 있다.

'나리' 자체가 이미 주로 햇볕이 잘 안 드는 숲이나 나무의 그늘 또는 서늘한 곳에서 자라듯이, '미나리'도 물가나 습한 곳, 혹은 음지에서 자란다. 작품의 제목이 암시하듯이, 영화에서도 가족이 정착하려는 땅은 밝고 화려한 도시가 아니라 가난하고 어둡고 외딴곳인 아칸소이다.

그리고 미나리가 물만 있으면 살아가는, 특히 더러운 물에서도 잘 자라는 식물이듯이, 영화의 가족들도 미나리처럼 열악한 환경을 극복하면서 강한 생명력과 끈기로 살아가기 위해 온 힘을 다한다. 정이삭 감독도 미나리의 질긴 생명력과 적응력이 자신의 가족과 닮았다고 밝힌 바 있다. 실제로 미국에 이민 온 1세대인 부모에게서 태어난 그는 아칸소의 작은 농장에서 자랐으며, 자신을 돌봐주기 위해 한국에서 온 할머니가 가져온 미나리가 다른 채소보다 두드러지게 잘 자라는 모습이 기억에 강렬히 남아 있다고 했다.

나아가 미나리는, 주인공 스티븐 연이 밝혔듯이, 땅과 주변의 물을 정화하는 기능을 하는데, 이는 평화를 사랑하는 한국계 이민자들이 주변에 선한 영향력을 행사하려는 의지를 상징하는 것 같아 기분이 좋다. 여기서 미나리는 다시 '나리', 즉 '백합'으로 돌아온다. 백합의 꽃말은 순결과 변함없는 사랑이다. 정 감독도 미나리는 '가족 간의 사랑'을 의미한다고 했다. 이제 왜 우리 선조들이 미나리를 물에서 자라는 백합이라고 했는지 분명히 알 것 같다.

특이한 것은 윤여정은 조연인데도 주연 같다는 점이다. 바로 이것이 미나리가 상징하는 또 다른 의미이다. 앞에 나서서 이끌어가지는 않지만 뒤에서 은근히 모든 사람들을 움직이니 땅과 주변의 물을 정화시키는 미나리와 흡사하다.

그녀의 수상소감 또한 기가 막히다. 항상 당당한 모습이 자랑스럽다. 그녀의 연설에는 항상 유머가 돋보이는데 이는 당당함에서 나온다. 그녀의 이 같은 당당함은 최근 들어 특히 아시아인 혐오가 기승을 부리는 시점이라 더욱 돋보인다.

윤여정, 그녀는 완벽하다. 다만 모든 완벽함에는 옥에 티가 있듯이 그녀에게도 하나가 있다. 그것은 자신의 이름을 '윤여정'이 아니라 '여정윤'으로 부른 것이다. 그녀는 수상소감 모두에 이렇게 이야기한다.

"여러분도 아시다시피 내 이름은 '여정 윤'입니다. 내 이름을 ('여정'의 로마자 표기가 Yuh-Jung이어서) 어떤 유럽 사람은 '여영'이라고 또는 '유정'이라고 발음하는데 오늘 밤은 모두 용서하겠습니다."

이처럼 대부분의 한국인들은 자기 이름을 소개할 때 순서를 서구식으로 바꾸어 '이름-성(姓)'의 순서로 말한다. 서양인이 이름을 물어올 때 우리나라 사람들은 흔히 "My name is 철수 김"이라고 대답하는 것을 흔히 본다. 그럴 때마다 나는, '세상 어디에도 말해지지 않는 방식을 왜 스스로 행하는가?' 하는 생각이 든다. 혹자는 이렇게 답한다. 거꾸로 해야 서양인들이 성과 이름을 제대로 알기 때문이라고. 하지만 서양인들이 자기 이름을 말할 때 성과 이름을 제대로 알도록 동양식으로 해주는가? '마이클 잭슨'을 '잭슨 마이클'이라고 해주는가?

배려의 발로인지 사대주의의 발로인지 알 수 없지만 이제는 이를 바꾸어야 한다. 나는 개인적으로 내 이름을 서양인에게 알릴 때 내 이름을 그대로 말한다. 그러고는 성과 이름을 구분해 준다. 그렇게 하여 한국의 성과 이름의 순서도 함께 알려 준다.

동양인의 경우에 매우 유명한 정치인들은 서양인들도 원래의 순서대로 알고 있다. '마오쩌뚱'을 '쩌뚱 마오'라는 서양인은 단 한 사람도 없다. '박정희' '문재인' '김정은' 등도 원래 순서대로 알고 있다. 이는 그들도 원래의 순서를 존중하려는 의도가 있다는 것을 뜻한다. 그러니 우리 스스로 먼저 우리의 것을 왜곡할 필요가 없다.

유럽대륙에 있지만 동양처럼 성을 이름보다 앞세우는 나라가 하나 있는데, 이는 헝가리이다. 헝가리에서는 외국인에게 자신의 이름을 쓸 때 거꾸로 하지 않는다. 그리고 외국인의 이름은 원래 순서를 존중하지만,

전통적으로는 자기들의 어순으로 바꾸어 불렀다. 종교개혁의 선구자 장 칼뱅(Jean Calvin)도 칼빈 야노스 (Kálvin János)로 자국화하였고, 프랑스의 유명 작가 쥘 베른(Jules Verne)도 베르네 쥘라(Verne Gyula)로 자기네 어순으로 바꾸어 불렀다.

이제 바야흐로 한국의 문화가 세계로 퍼지고 있다. 그래서 이제는 우리와 우리의 것을 있는 그대로, 제대로 알릴 필요가 있다.

'언더스탠드', 대표적인 어원의 가짜 뉴스

인문학을 전공하는 사람으로서 인문학 열풍이 부는 것은 참으로 기쁜 일이다. 그런데 무엇이든 지나치면 문제가 생기는 법. 인문학의 수요 급증에 의한 인플레가 이루어져서 단지 교양강좌의 의미로 인문학 강좌라는 타이틀을 붙이는 경우를 많이 본다. 그래도 좋다. 다만 그러다 보니 그 품격이 너무 많이 내려간 것이 아쉽다. 전문성이 없는 사람들이 인문학 강의를 하다 보니 웃지 못할 일도 자주 생긴다.

예를 들어 영어의 understand(이해하다)의 어원을 '아래에 서다'라고 하는 경우가 있다. 그 사람의 밑에 서야 진정으로 그 사람을 이해하는 것이라는 의미로부터 understand가 '이해하다'라는 뜻이 되었다고 하는 설명들이 난무한다. 나아가 대화를 하려면 먼저 자신의 말을 버리고 상대의 아래에 서라는 식의 강의가 이루어지고 있다. 뭐 사람들이 감동을 받고 이렇게 이행한다면 좋기는 한데, 그래도 좀 너무한다는 생각을 떨칠 수가 없다. 왜냐하면 이런 현상이 지속되면 악화가 양화를 구축하는 현상이 나오기 때문이다. 인문학은 굳이 공부를 깊이 안 하고 그냥 자기 멋대로 멋있게 소설을 쓰면 되는 분야라는 생각을 하는 사람들이 있어서 그러하다.

understand의 'under-'는 '아래에'라는 뜻이 아니라 '~가운데에, 사이에'(between, among)의 뜻이다. 혹시 독일어를 아는 사람이라면 'unter uns'를 알 텐데 이는 'under us'(우리 아래에)가 아니라 '우리 사이에', 즉 영어로는 between us라는 뜻이다. 영어의 'under-'와 독일어의 'unter-'는 원시인도유럽어(PIE)의 '*nter-'에서 온 말인데 라틴어로 가서는 'inter-'가 되었다. 즉 '인터내셔널'(international, 국제, 국가 사이의), '인터랙션'(interaction, 상호작용, 상호소통), '인터페이스'(interface), '인터넷'(Internet) 등의 'inter-'가 그것이다. 산스크리트어에서는 antar이다. under, unter, inter, antar 다 동일한 어원이다.

요컨대 understand는 (상대방과의) '사이에 서다', 즉 '가까이 있다'라는 의미가 되는 것이다. 독일어에서는 '이해하다'를 verstehen이라고 하는데 이는 중기 고지독일어(Middle High German)의 vorstān, verstān, virstēn 등을 어원으로 하고 있는데 이는 '앞에 서다'라는 뜻이다. 게르만어 계통인 네덜란드어 verstaan, 노르웨이어 forstå, 스웨덴어 förstå, 덴마크어 vorstaa가 모두 '앞에 서다'라는 뜻에서 왔다. 앞에 선다는 것도 결국 (상대에게) '가까이 있다'는 뜻인 것이다.

멀리 있으면 말도 잘 안 들리고 잘 보이지도 않아 상대를 이해하기 어렵지만 가까이에 서면 더 잘 이해할 수 있게 된다. 그래서 이렇게 표현함으로써 비유적으로 '이해하다'의 뜻을 전하게 되었다. 이해한다는 것은 상대와 가까이 있다는 것이지, 아래에 있다는, 즉 겸손하고 봉사한다는 식의 관념에서 온 것이 아니다. 상대를 이해하려면 가까이 있자. 평등하게.

그러면 영어의 전치사 under(아래에)는 어떻게 된 것일까? 이는 원시인도유럽어(PIE)의 '아래에'를 뜻하는 '*ndher-'를 어원으로 하는 다른 단어인데, understand의 'under-'와 발음이 같아진 것이다. 즉 동음이의어이다. (산스크리트어에서는 adhah)

영어에는 '이해하다'를 뜻하는 어휘로 understand 외에도 comprehend가 있다. 이는 전자에 비해 좀 고상한 표현이라서 주로 문어나 격식체에서 쓰인다. 명사형 comprehension이 더 많이 쓰이는데, 예를 들어 comprehension checkup(이해도 측정) 같은 데에서 많이 보았을 것이다.

comprehend는 프랑스어 comprendre에서 왔다. 여기서 com은 '함께'(with)를 뜻하고 prendre는 '잡다, 쥐다'(take, seize)를 뜻한다. 즉 '함께 잡다'라는 뜻이다.

상대와 함께 손을 붙잡는 행위로 상대를 이해한다는 뜻을 나타내는 것이다. 아닌 게 아니라, 우리가 상대를 잘 이해했다는 표시로 손을 붙잡거나 얼싸안지 않는가! 프랑스어뿐 아니라 같은 로망스어 계열의 스페인어 comprender, 이탈리아어 comprèndere, 포르투갈어 compreender 등도 마찬가지 의미 구성이다.

위에서 보았듯이, 게르만어 계통의 언어들에서는 '이해하다'의 의미를 '사이에 서다' 혹은 '앞에 서다'로, 요컨대 상대와 가까이 있다는 것으로 표현한다. 반면에 로망스어 계통의 언어들은, 더욱 적극적으로, 아예 상대를 붙잡는 행위로 표현하는 것이 이채롭다.

그런데 이런 사고방식은, 계통이 다른 독일어와 영어에서도 발견된다. 독일어 동사 begreifen에 '잡다'와 함께 '이해하다'라는 뜻이 있고, 영어(미국 속어)에서도 '이해했어, 알았어.'라고 할 때 "I got you."(나는 너를 붙잡는다)라고 한다.

이만하면 인간의 보편적인 인식 패턴이 아닐까? 상대를 이해한다고 말하고 싶을 때 손을 붙잡아 보자.

‘누리’와 ‘누리다’, 같은 기원?

2022년 6월 21일은 우리나라가 독자 기술로 개발한 한국형 발사체 ‘누리호’가 우주를 향해 날아오른 역사적인 날이었다. 1차 발사 때의 실패를 극복하고 인공위성을 계획된 궤도에 안착시켰다. 이로써 한국은 미국, 일본, 러시아 등과 함께 세계 7번째로 무게 1t 이상의 인공위성과 우주선을 자력으로 쏘아 올릴 수 있는 국가가 됐다.

그런데 왜 이 발사체에 ‘누리’라는 이름을 지었을까? ‘누리’는 ‘세상’이라는 뜻의 고유어로, 2018년 시민 공모를 통해 정해졌다고 한다. 이 이름을 제안한 대학생은 누리호가 우주까지 넓어진 새로운 세상을 열기를 바라는 마음을 담았다고 말했다.

최근 대한민국이 여러 분야에서 세계를 호령하는데 이제 우주과학 분야에서도 그러한 가능성이 보인다. K-우주시대라는 말이 어색하지 않다. 이제 한국인이라는 사실이 우리에게 자부심을 심어주기에 충분하다.

여기서 우리가 하나 알아두어야 할 우리말 지식이 있다. 우리가 흔히 ‘삶을 누리다’ ‘자유를 누리다’ ‘영화를 누리다’ 할 때의 동사 ‘누리다’가 바로 이 명사 ‘누리’에서 온 말이라는 사실이다. 이처럼 우리말에는 명사로부터 파생된 동사들이 꽤 있는데, 몇 가지만 예를 들어 보자.

명사 ‘배’에서 (아이를) ‘배다’라는 동사가 나오고, ‘발’에서 발로 밟는 행위인 ‘ᄇᆞᆲ다’(밟다)가 나왔다. 마찬가지로 ‘신’에서 신을 신는 행위인 ‘신다'가 나왔다. 또 '품'에서 (가슴에) '품다'가 파생되고, '빗'에서 빗질한다는 뜻의 '빗다'가 나오고, '잫'(자)에서 자로 잰다는 뜻의 '자히다'가 나오고 여기에서 '재다'가 나왔다. 또 '쐬'(꾀)에서 (꾀를 써서 사람을) '쐬다'(꾀다)가 나왔다.

이 같은 예들처럼 '누리'에서 '누리다'가 파생된 것은 대부분의 학자들이 동의하는 바인데, 어떻게 '세상'이라는 뜻으로부터 '생활 속에서 마음껏 즐기거나 맛보다'라는 뜻이 나오게 되었는지는 설명하기 쉽지 않다. 세상을 살아가면서 많은 것들을 경험하는 것이 즐거운 일이라는 점과 특히 그렇게 하려면 저승으로 가지 않고 이 세상에 살아야 한다는 점에서 그러한 뜻이 나오지 않았을까 추측해 본다.

그런 점에서 '누리호'가 우리 대한민국이 세계에서 일곱 번째로 발사체 보유국이 되었다는 자부심을 '누리도록' 해주었으니 더없는 기쁨이 아닐까 생각된다.

그런데 인간은 왜 우주를 정복하려 할까? 인공위성은 군사적 목적의 이미지가 강하지만 그 외에도 통신, 방송, 기상, 과학 탐구 등 국가의 경제적 이익 때문일 것이다. 그런데 이러한 천문에 대한 관심은 비단 현대에서 비롯된 것이 아니라 아주 먼 옛날에도 있었던 것인데, 농경사회였던 고대에는 농사의 성공 여부를 결정짓는 가뭄과 홍수, 역병 등의 자연재해가 국가의 흥망을 좌우하는 것이어서 이를 예측하는 방법이 필수 불가결하였다.

이처럼 국가와 사회의 운명과 장래를 예측하기 위해 인간이 동원한 방법은 천체의 현상을 관측하는 것이었다. 이는 하늘에서 일어나는 일이 땅에 곧바로 영향을 미친다는 믿음을 가졌기 때문이다. 창조의 신을 믿기 시작한 이후에도 마찬가지여서, 하늘에 계신 신이 이 세상을 창조하였기 때문에 하늘의 움직임은 곧 신의 계시로 생각했다. 주기도문을 보더라도, '뜻이 하늘에서 이루어진 것같이 땅에서도 이루어지이다'라고 하지 않는가?

하늘의 뜻은 별들의 움직임에 나타난다. 요즘이야 대부분의 사람들이 도시 생활을 하고 불빛, 공해 등으로 인해 별이 많이 보이지 않지만 그 옛날에는 밤하늘에 무수한 별들의 향연이 펼쳐졌다. 그 별들의 움직임과 배열은 국가의 운명과 인간의 숙명, 행운과 불운을 나타낸다고 고대인들은 믿었다.

별은 고대그리스어에서 astron이라고 하고, 라틴어에서는 astrum이라고 하는데 이 어근은 유럽 각국의 언어에 퍼져나가 많은 단어를 만들었다. 우선 '점성술'을 영어에서 astrology라고 하는데 이는 별을 뜻하는 astro와 논리를 뜻하는 logy로 이루어진, 하늘을 연구하는 학문이라는 뜻이다. 그런데 후에 나타난, 진정 과학적으로 하늘을 탐구하는 학문인 '천문학'은 정작 이 단어를 쓸 수가 없어 astronomy로 이름 붙이게 되었다.

이 외에도 astronaut(우주비행사), asterisk(별표 *), asteroid(소행성) 등의 단어가 astron으로부터 파생되었고, 별 모양으로 생긴 '과꽃'은 aster라는 이름을 얻었다.

흥미로운 것은 영어의 disaster라는 단어이다. '재해, 재난'을 뜻하는 이 어휘는 이탈리아어 disastro에서 기원한 프랑스어 désastre로부터 받아들인 말로서, 잘못된 별 혹은 잘못된 별의 배열을 뜻한다. 이를 글자 그대로 영어로 옮기면 'ill-starred'가 되는데 이는 '불운한, 실패[불행]할 것 같은'을 뜻하며 실제로 이 단어가 있다. 중세 라틴어에서도 '불행' '불운'

을 뜻하기 위해 '불길한 별'을 의미하는 'astrum sinistrum'이라는 표현이 쓰였다. 요컨대 이는 이상한 별이 나타나거나 별자리가 잘못 배치되면 재해가 온다는 당시 사람들의 믿음을 나타내 주고 있을 뿐 아니라, '재해'라는 현상을 굳이 그런 단어로 표현한다는 것 자체가 그들이 가진 천문관과 운명론을 웅변적으로 설명해 주고 있다 하겠다.

현대는 과학의 시대이다. 지금은 아무도 길흉화복이 별자리에 의해 결정된다고 생각하지 않는다. 그러나 그렇다고 고대인들이 틀렸다고 할 수 있을까? 앞으로는 국가의 흥망성쇠가 우주개척에 달려 있다고 해야 하지 않을까? 군사, 통신, 방송, 기상, 과학 탐구 등 국가 경제의 모든 것이 여기에 달려 있고 이러한 경향은 갈수록 더 심화될 것이다.

우리가 '누리호' 발사 성공에 이어 앞으로 우주 개발에 기대를 거는 이유가 바로 여기에 있다.

'롤랑 가로스' 정신과 나달

2022년 프랑스 오픈 테니스대회에서 라파엘 나달(Rafael Nadal)은 기념비적인 기록을 만들어 냈다. 남자 단식 우승으로 개인 통산 14회째 우승이라는 새로운 기록은 물론 그랜드 슬램 대회 22회 우승이라는 최다 우승 기록도 작성한 것이다. 이는 우리에게 몇 가지 중요한 점을 생각하게 만든다.

우선은 나달이 보여 준 엄청난 투혼이다. 사실 그는 대회 이전부터 부상에 시달렸으며 참가 자체가 불투명했다. 발바닥 관절이 변형되는 희귀병을 앓고 있기 때문에 2년 전부터 운동을 그만두어야 하는 상황에 처했지만, 불굴의 의지로 이를 극복하고 있으며, 이번 대회의 경우 신경주사를 맞으며 통증을 참아 내면서 매 경기에 임했다.

그런데 이러한 끈기와 굴하지 않는 도전의 정신은 대회의 슬로건과도 크게 닮았다. 그가 시상대에 선 장면에 함께 포착된 슬로건이 그것이다. 결승전이 진행된 필립-샤트리에 코트(Court Philippe-Chatrier)에 새겨진 슬로건은 'La victoire appartient au plus opiniâtre.', 즉 '승리는 가장 끈질긴 자의 것이다.'이다. 전 세계의 시청자들을 위해 'Victory belongs to the most tenacious.'라고 영어로도 번역해 반대쪽에 게시하고 있다. 이는 나폴레옹이 한 말로 알려져 있는데, 이 대회의 별칭이며 경기장의 이름을 부여한 당사자인 롤랑 가로스(Roland Garros)가 자신의

천재 비행사 롤랑 가로스

좌우명으로 삼았던 말이다. 심지어 자신의 비행기 프로펠러에 새겨 넣기까지 했던 말이다.

롤랑 가로스는 천재 비행사로, 지중해를 최초로 횡단하는 등 많은 비행 기록을 세운 사람이다. 1차 세계대전이 발발했을 때 그는 많은 무공을 세웠는데, 독일군에 체포되어 3년여간 옥고를 치르다가 독일군 장교로 변장해 탈출에 성공했다. 옥고를 치르면서 건강이 악화됐고, 이후 근시도 와서 비밀리에 안경을 제작해 씀으로써 어떻게 하든 조종사 자격을 유지하려 애썼다. 당시 클레망소(Clémenceau) 프랑스 총리는 그를 자신의 곁에 두고자 출격을 강하게 만류했는데, 그런데도 고집을 부려 다시 출격했고, 1918년 10월 비행기 피격으로 목숨을 잃고 말았다.

프랑스는 그의 용기와 투지를 기려 프랑스 오픈 경기장에 그의 이름을 붙였다. 원래 스타디움을 레이싱 클럽과 프랑스 테니스 클럽이 같이 사용했었는데 1928년 레이싱 클럽 측이 클럽의 회원이었던 롤랑 가로스를 기리기 위해 그의 이름을 스타디움에 붙이라는 조건으로 프랑스 테니스협회에 스타디움을 넘긴 것이다.

이처럼 롤랑 가로스(Roland Garros)라는 이름은 테니스 코트에서 온 것이 아니다. 그보다는 훨씬 거리가 먼 하늘에서 온 것이다. 이미 12세 때 폐렴을 앓았던 롤랑 가로스는 꾸준히 자전거를 타며 호흡 능력을 회복했고, 이를 극복한 이후에도 닥쳐온 수많은 고난을 오로지 자신의 의지로 이겨내면서 죽음조차 두려워하지 않고 끊임없이 도전했던 의지의 비행사였다. 프랑스 테니스 협회는 롤랑 가로스의 이 같은 정신을 기리기 위해 그의 좌우명을 스타디움에 새겨 넣었다.

그런데 이 슬로건은 프랑스 오픈의 코트 특성, 즉 클레이(clay, 흙)라는 특성과 맞물리면서 실제로 그 우승자들의 면모와도 정확히 일치되어 왔다. 클레이 코트는 잔디 코트(윔블던 대회)나 하드 코트(US 오픈, 호주 오픈 대회)에 비해 지면에 바운드된 후 공의 속도가 상대적으로 늦다. 그래서 상대의 강타를 받아 낼 수 있는 시간이 조금 더 있어서 끈질기게 공을 받아 내는 선수에게 좀 더 유리하다. 과연 비외른 보리, 마이클 창, 그리고 라파엘 나달에 이르기까지, 화려한 기술과 파워보다는 끈질긴 투지를 앞세운 선수들이 이 대회의 타이틀을 거머쥐어 왔다.

이번 대회에서는 이러한 정신에 더해, 특히 부상을 극복해 내는 엄청난 투혼이 나달의 신기록 수립을 가능하게 했다. 즉, 나달은 자신의 평소 플레이 스타일도 그렇지만 이번에는 여기에 놀라운 투혼을 보여 주어 더욱 빛이 났던 것이다. 그런데 이러한 투혼은 어디에서 오는 것일까?

그것은 무엇보다도 팬들의 엄청난 지지에 대한 보은의 정신에서 오는 것이리라. 사실 스페인에서 그는 국가적 영웅으로 대접받고 있다.

다만 여기서 그가 발레아레스 제도(Balearic islands)의 마요르카섬(Mallorca)에서 태어난 카탈로니아(Catalonia) 사람이라는 점을 우리는 눈여겨볼 필요가 있다. 카탈로니아는 잘 알려져 있듯이, 스페인에서 분리독립하고자 지속적으로 투쟁하고 있는 민족이다. 그들은 자주 의식이 매우 강하다. 국적을 물으면 심지어 자신을 스페인인이 아니라 카탈로니아인이라고 답하는 사람들도 많다. 이는 스페인 국민의 지지나 반발을 불러일으킬 수 있는 민감한 문제이지만, 나달은 그런 문제를 야기하지 않는다. 그는 카탈로니아가 스페인에 잔류하는 것을 지지하는 통합파에 속한다. 그는 예전에 "스페인 없는 카탈로니아도, 카탈로니아 없는 스페인도 모두 의미가 없다"고 역설한 바 있다.

그의 성(姓) Nadal(나달)은 카탈로니아 말로 '탄생'을 뜻한다. '탄생의'를 뜻하는 라틴어 형용사 natalis(나탈리스)에서 온 말이다. 역시 동일한 어원의 '태생의, 출신의'를 뜻하는 프랑스어 단어 natif(남성형), native(여성형)도 영어로 들어가 native(네이티브)를 만들었는데, 우리가 흔히 네이티브 스피커(native speaker)라고 할 때의 그 단어이다.

그렇다면 사람 이름에 왜 '탄생'이라는 의미의 명칭이 존재하는 것일까? 여기서 '탄생'은 '예수의 탄생'을 가리킨다. 성탄절을 이탈리아어로 'Natale'(나탈레), 스페인어로 'Navidad'(나비닷), 프랑스어로 'Noël'(노엘)이라고 하는데, 이들 어휘 모두 예수의 탄생을 뜻하는 말이다. 그래서 '즐거운 성탄', 영어로 Merry Christmas를 이탈리아말로 Buon Natale(부온 나탈레), 스페인어로 Feliz Navidad(펠리츠 나비닷), 프랑스어로 Joyeux Noël(주아외 노엘)이라고 한다.

요컨대 Nadal(나달)은 예수의 탄생을 뜻하는 말이어서, 구세주, 메시아를 뜻하는 이름이라 할 수 있다. 아르헨티나의 축구 선수 Messi(메시)도 같은 이름이라 할 수 있다.

이런 점에서 보면 구세주인 나달이 카탈로니아의 스페인 내 통합 유지를 원한 것은 자신이 카탈로니아의 구세주가 아니라 스페인의 구세주가 되기를 원한 것이라 할 수 있지 않을까?

'테니스' '발리' '러브'는 어디에서 왔을까?

프랑스 오픈은 다른 메이저 대회와 달리, 경기에서 서브의 강도가 차지하는 비중이 다른 대회에 비해 작다는 특징을 갖고 있다. 다른 대회에서는 수많은 에이스(Ace)가 터져 좋게 보면 시원하다고 할 수도 있지만, 서브 한 방으로 포인트를 가져가는 장면이 많이 연출돼 허탈하고 허전한 기분을 준다. 반면에 프랑스 오픈에서는 서브 에이스가 잘 나오지 않기 때문에 길고 아기자기한 랠리를 더욱 많이 볼 수 있어 테니스 시청을 즐기기 좋다고 할 수 있다. 이는 물론 코트의 표면이 흙이라는 점에서 연유하는 것이지만, 본래 테니스의 모습과도 일치한다고 할 수 있다. 본래 테니스와 일치한다는 것은 무슨 말일까?

테니스 마니아라면 이 운동이 프랑스 궁정의 '죄드폼'(jeu de paume)에서 기원했다는 것쯤은 안다. '손바닥 게임'이라는 뜻의 이 말에서 '폼'(paume)은 영어에 들어가 '팜'(palm)이 되었는데, 이는 '손바닥'이라는 뜻이다. 공을 손바닥으로 쳐서 상대편에 보내던 게임을 영국인이 보고 돌아가서 더욱 체계적인 스포츠로 발전시켰는데, 이것이 오늘날의 테니스(tennis)다. 그러면 어쩌다 '죄드폼'의 이름이 '테니스'가 된 것일까?

14세기 프랑스 궁정에서 이 경기를 할 때 사람들이 "Tenez!"(테네즈)라고 하면서 경기를 시작했는데, 이는 "자, 받아요!"라는 뜻이다. 영국인이 이를 듣고 그 경기 이름을 tennis(테니스)라고 하기 시작한 것이다.

그러니까 이 '테네즈'에서 영어의 '테니스'(tennis)가 됐으니, 결국 '테니스'는 '자, 받아요'에서 기원한 것이다. 1789년 6월 20일에 있었던 프랑스 혁명의 전조가 된 사건인 '테니스 코트의 서약'(Serment du Jeu de paume)이 바로 이 죄드폼 경기를 하던 코트에서 평민 대표들이 헌법 제정을 결의한 사건을 가리킨다. 테니스 코트는 이렇게 인류사를 바꾼 중요한 사건의 장소이기도 했다.

당시에는 마지막 z를 발음해 '테네즈'였지만 이후 이 발음이 탈락하고 '테'가 '트'로 약화되면서 현대프랑스어에서는 '트네'라고 발음한다. 이 'Tenez'는 현대프랑스어에서 상대에게 어떤 물건을 주면서 하는 말로 쓰이고 있다. '자, 여기요/여기 있어요'라는 뜻이다.

그런데 요즘 프로 테니스를 보면 플레이를 시작하기 위해 서브를 넣을 때 과거처럼 '자 받아요' 하는 것이 아니라 오히려 '받지 말아요'라고 하는 듯하다. 왜냐하면 오늘날 프로 테니스 경기의 서브는 상대 선수가 잘 받지 못하도록 각도 깊은 곳에 강하게 꽂아 넣는 것을 목적으로 하기 때문이다. 테니스가 애초에는 프랑스 궁정에서 사교 목적의 경기였던 것이 이제는 승부를 가리기 위한 경쟁 목적의 경기가 된 것이다. 놀이가 승부가 된 셈이다.

요컨대 프랑스에서 배려의 사교 경기였던 테니스가 영국으로 건너가 경쟁의 스포츠가 된 것이다. 그리고 프로 스포츠가 되면서 경쟁에서 승리하기 위해 선수들은 더욱 더 화려한 기술과 파워를 가져야만 했다. 그런데 경기에서 이기려면 기술과 힘 이외에도 끈질긴 '투지'를 가져야 하는데, 특히 프랑스 오픈에서는 나폴레옹에서 롤랑 가로스로 이어지는 일련의 흐름에서 바로 이 투지를 강조하고 있다. 이는, 투지의 상징인 롤랑 가

클레이 코트 / 앙투카(en-tous-cas) 코트

로스의 정신을 계승하기 위한 것이었지만, 프랑스 오픈의 코트 표면인 클레이 코트, 정확히 말하면 앙투카(en-tous-cas) 코트가 요구하는 덕목이기도 해, 이 두 가지가 중첩돼 프랑스 오픈의 특성이 되었다.

테니스를 치기 위해서는 '서브' 외에 몇 가지 기술을 배워야 하는데, 특히 '발리'가 중요하다. 이는 프랑스어 volée(볼레)에서 온 말이다. volée는 '날다'를 뜻하는 동사 voler의 명사형이다. 그러니까 영어 fly의 명사형 flight처럼 말이다. 이 volée가 영어로 들어가서 철자가 volley로 바뀌었는데, 영국식 영어에서는 '볼리', 미국식 영어에서는 '발리'라고 발음한다.

발리 플레이를 한다는 것은 공이 날고 있을 때, 즉 땅(코트)에 떨어지기 전에 친다는 뜻이다. 그런데 땅에 떨어지기 전에, 즉 아직 공중에 있을 때 공략하는 것은 상대가 준비할 시간을 주지 않으므로 득점할 확률이 높다. 그래서 프랑스어로 발리 플레이를 한다는 뜻의 'jouer à la volée'라는 표현은 비유적으로 '기회가 있을 때 재빨리 잡다'라는 뜻도 가지고 있다.

또한 프랑스어 구어에는 이와 똑같은 의미가 있는 'prendre l'éteuf à la volée'(날고 있는 공을 잡다)라는 관용표현도 있다. 여기서 '공'의 뜻으로 쓰인 éteuf(에퇴프)는 사실 고어형으로 현대어에서는 étoffe(에토프)가 되었는데 이는 '천'이라는 뜻이다. 왜 '천'이 '공'을 가리키는 말로 쓰였었을까? 당시에 공은 '천'으로 둘러싸인 둥근 물체였기 때문이다.

천을 뜻하는 이 éteuf(에퇴프)는 고대프랑스어에서는 estoffe(에스토프)였는데 이것이 영어로 들어가 앞의 e가 탈락하여 stuff(스터프)가 되었다. stuff는 처음에는 천으로 된 물건을 뜻했는데, 이후 천으로 되어 있지 않은 물건에도 적용이 되어 의미가 확장되었다.

테니스 용어 중 가장 논란이 많은 것은 숫자 0을 뜻하는 '러브'(love)이다. 이 단어가 어떻게 생겨났는지 확실하지 않지만, 대체적으로 두 가지 설이 존재한다.

첫 번째는 프랑스어 l'œuf(뢰프)에서 왔다는 설이다. 앞의 'l''는 정관사이고 œuf는 '달걀'을 뜻한다. 달걀이 숫자 0과 모양이 비슷하기 때문에 '0'(영)의 뜻으로 '뢰프'라고 한 것이 영어에서 '러브'(love)가 되었다는 것이다. 실제로 미국 영어에서 0점을 goose egg(거위알)로, 영국 영어에서는 'duck('s) egg'(오리 알)라고 부르는 예가 있는 것을 보면 어느 정도 신빙성이 있다. 그러나 정작 프랑스어에서 숫자 0을 '뢰프'로 불렀다는 점을 인정하기 어렵다며 반론을 제기하는 사람들이 있다.

다른 하나의 설은 '러브'가 영어의 love, 즉 '사랑'이라는 이야기이다. '죄드폼' 게임이 '테니스'로 스포츠화하면서 승패가 중요한 요소로 등장했을 때, 사람들에게 너무 이기려고 하지 말고 테니스 자체에 대한 '애호'나 '사랑'으로 경기를 하라는 의미에서 득점 전의 0점 상황을 love라고 했다. 그래서 경기를 시작할 때 '0대 0'이라는 점수를 'love-all'이라고 외쳤다는 이야기도 있다. 대단히 아름답고 매력적인 설이지만 어찌 보면 사실일 가능성이 없어 보이기도 하다. 그러나 이 설은 그렇게 간단히 황당한 설로 내칠 것이 아니다. 사실 우리가 흔히 쓰는 '아마추어'라는 말도, 금전적 이득을 목적으로 수행하는 '프로'에 대립하여 비영리적 목적의 취미로 즐겨 하는 사람이라는 의미로 사용되지만, '사랑'에서 나온 말이기 때문이다. '사랑하다'라는 뜻의 라틴어 amare(아마레)에서 프랑스어의 amateur(아마퇴르, '사랑하는 사람'이라는 뜻)가 파생되었고 이것이 영어화한 것이다. 인간은 우리가 생각하는 것보다 더 순수하다!

ETYMOVERSE

CHAPTER 4

4장

말들의 먹방

9791197909955 03700

'짜파구리'를 어떻게 번역할 것인가?

우리 영화 <기생충>이 세계의 영화사를 새로 작성했을 정도의 커다란 성공을 거두었다. 미국의 아카데미 영화상과 칸 국제영화제뿐 아니라 어지간한 세계적 영화제를 휩쓸었다.

이 영화가 이토록 성공한 이유는 완벽한 시나리오에 배우들의 훌륭한 연기 등 많을 것이다. 그러나 가장 큰 이유는 작품성과 대중성이라는 두 마리 토끼를 다 잡았기 때문이 아닐까 한다.

그런데 이 영화가 해외에서 이렇게 성공하게 된 배경 중 하나로 달시 파켓(Darcy Paquet)의 뛰어난 영어 번역을 말하는 언론 기사가 많다. 참 훌륭한 번역이었다. "번역은 반역이다."(Traduire, c'est trahir.)라는 말이 있을 정도로 번역이란 매우 어렵고 힘든 작업이다. 더욱이 한국어와 영어처럼 언어 계통도 다르고 그 문화적 배경도 상이한 언어들의 경우, 엄밀한 의미에서 동일한 뜻을 담고 있는 어휘와 표현이란 없기 때문이다. 그래서 번역은 상이한 두 문화에서 등가적인(equivalent) 언어를 찾아내는 작업이 된다. 로렌스 베누티(Lawrence Venuti)에 따르면 여기에는 두 가지 방법이 있는데 '이국화'(foreignization)와 '자국화'(domestication)이다. 이국화는 원문의 의미를 전하기 위해 이국적인 맛을 최대한 살린다. 반면에 자국화 번역은 독자가 즉각 이해할 수 있도록 현지 문화에 맞게 변용한다. 아주 간단한 예로 'Man shall not live on bread alone.'을

'사람은 빵만으로는 살 수 없다.'라고 번역하는 것은 이국화를 따르는 번역이고, 우리의 주식은 밥이라는 점을 고려하여 '사람은 밥만으로는 살 수 없다.'라고 번역하는 것은 자국화 방법의 번역이다.

낯선 것을 자국의 용어들로 풀이하여 이해 가능하게 만들 것인가, 아니면 반대로 외국 텍스트의 낯섦이 손상되지 않도록 문화적 차이를 강조할 것인가 하는 이 두 입장은 항상 서로 길항하면서 끊임없는 대립을 거듭해 왔다. 이 두 가지 번역의 과제는 그동안 번역사에서 "자유스러운 의역/충실한 직역, 도착텍스트 중심적 번역/출발텍스트 중심적 번역, 자국화 전략/외국화 전략의 갈등 관계로 유형화되어 왔다."*

달시 파켓은 기생충 번역에서 자국화 방법을 주로 썼다. 예를 들면 송강호가 "이야, 서울대학교 문서위조학과 뭐 이런 거 없나?"라고 했는데, 이를 "Wow, does Oxford have a major in document forgery?"라고 번역했다. 즉 서울대를 영어권 최고의 대학 중 하나인 옥스포드대로 바꾼 것이다.

또한 기가 막히게 잘된 번역으로 화제가 되고 있는 '짜파구리'도 마찬가지이다. 사실 한국인들 가운데에서도 이것을 모르는 사람들이 많다. 실제로 극 중 연교로부터 이것을 만들라는 지시를 받은 충숙도 무엇인지 몰랐다. 따라서 이를 발음 그대로 번역해도 큰 문제는 없었을 것이다. '화면에 나오는 저 음식이 그 음식이구나' 하며 넘어갔을 것이다. 그러나 '짜파게티'와 '너구리'의 합성어인 이 단어는 자국화 번역 전략에 따라 영어권에서도 비교적 잘 알려진 ramen(라면)과 udon(우동)의 합성어인

* 선영아(2008), 「동화의 미학과 차이의 윤리: 문학 번역의 두 가지 명제」, in 『번역학연구』 9(4), pp.195~219.

ram-don으로 번역되었다. 이로 인해 관객들은 보다 쉽게 이해할 수 있었고 재미있게 받아들였다.

자국화 전략은 음식으로 말하자면 현지화 전략에 해당한다. 예를 들어 일식은 표준화 전략을 써서 전 세계 어디 가나 맛이 거의 같은데, 중국 음식은 현지화 전략을 써서 나라마다 다르다. 여기서 표준화를 본래의 이국적인 맛을 유지하는 이국화로 볼 수 있고, 현지화를 소비자 국가의 기호에 맞게 변용하는 자국화로 볼 수 있다.

요컨대 <기생충>의 영어 번역은 전체적으로 자국화에 치중했기 때문에 영어권 관객들에게 즉각적인 이해를 가능하게 하였다. 그래서 웃을 때 웃고 울 때 울 수 있었다. 그런데 문제는 이것이 너무 심하면 보고 난 다음에 '한국' 영화를 보았다는 느낌이 덜 들 수 있다. 한국적인 '문화'를 접하는 느낌이 약화될 수 있다.

예컨대 영화를 보면서 이미 잘 알려진 옥스포드대의 명성에 의존할 뿐 한국의 서울대를 알릴 수 있는 기회는 놓치고 만다. 사실 서울대로 했다 하더라도 문맥상 대부분의 관객들은 그 의미를 이해할 수 있었을 것이다. 다만 크게 웃을 수 있는 가능성만 낮아질 뿐이다.

한국의 대표적 메신저인 '카톡'도 해외에서 많이 쓰이는 WhatsApp으로 바뀌었다. 사실 화면에 실제 메신저가 보이므로 'Ka(kao)Talk'이라고 해도 관객이 충분히 이해할 수 있었을 것이다. 한국의 대표적인 메신저인 카카오톡이 홍보가 되었을 가능성이 사라져서 조금 아쉽다.

갈비찜을 'braised ribs'(찐 갈비)로 번역한 것도 마찬가지이다. 김치를 '절인 배추'가 아니라 '김치'(kimchi)라고 하듯이, 갈비찜도 발음 그대로 '갈비찜'(galbijjim)으로 하는 것이 좋았을 것 같다. '절인 배추'가 결코

‘김치’를 나타내지 못하듯이, 영어의 braised ribs는 한국의 ‘갈비찜’이라는 음식을 결코 나타내지 못한다. 이러한 이유로 문화용어들은 현지의 발음 그대로를 표기하는 것이 일반적인 원칙이다. 이탈리아 음식인 pizza를 영어에서도 한국어에서도 원어의 발음 그대로 pizza라고 하지 않는가?

물론 기생충의 자국화 번역은 영어권 관객들에게 즉각적인 이해를 가능하게 해주었고 그것이 오늘의 오스카 수상에 공헌하였다. 사실 오늘날 자국화 번역이 대세를 이루는 경향도 있다. 그러나 이국화 전략은 그 문화 본래의 모습을 전하는 장점이 있음을 알아야 할 것이다. 베누티가 말했듯이, 번역 텍스트는 기존 문화와는 다른 새로운 문화가 생겨나 발전하는 장소여야 하고 독자들에게 문화 간의 차이와 타자의 존재를 인식시켜야 하는 공간이기 때문이다.*

아무튼 자국화와 이국화는 적절한 지점에서 타협해야 할 두 극단의 전략이라는 점에서, 한꺼번에 잡기 어려운 두 마리 토끼로 보인다. <기생충>이 작품에서 예술성과 대중성을 다 잡았으면 됐지, 뭐 번역에서까지 두 마리 토끼를 다 잡기를 바랄까? 앞으로 한국 영화가 더욱 성장하여 언젠가 이국화 번역 전략을 수용하는 때가 오기를 바란다. 한국 문화 화이팅!

---

* *L. Venuti(1995), The translator's invisibility—A history of translation. New York: Routledge,* p.306(이상원(2011), 「베누티의 이국화와 자국화, 그 적용을 위한 고찰」, 『T&I REVIEW, 1』, 통역번역연구소, p.115에서 재인용).

아무도 먹어 본 적이 없는 음식, '골탕'

우리나라 사람들은 새해가 되면 나이를 한 살 먹음과 함께 떡국을 먹는다. 그러나 각자의 소원을 성취하기 위해서 결코 섭취하면 안 되는 나쁜 음식의 목록을 독자 여러분께 알려 드리고자 하니, 부디 이 같은 음식들을 최대한 피함으로써 많은 성취와 성장을 이루시기를 바란다.

단 여기서 말하는 음식은 육체 건강이 아니라 정신 건강에 나쁜 음식들임을 먼저 밝힌다. 즉 실존하는 음식이 아니라 한국인의 정신세계에 존재하는 가상의 음식들이라 할 수 있다.

우선 새해에는 '골탕'을 먹는 일이 없기를 바란다. 이 '골탕'이라는 것은 이름을 보면 분명히 탕(湯) 종류인 것 같은데, 그 누구도 먹어 보았다는 사람이 없는 정체불명의 매우 이상한 음식이다. 물론 파는 곳도 없다. 올해는 골탕을 먹지 말자.

골탕을 먹는 것과 비슷한 의미로 '물을 먹는다'는 말도 있는데, 열심히 일하다가 혹은 사람을 믿고 일을 하다가 막판에 '물'을 먹는 일이 있으면 안 되겠다. 다만, 좀 다른 이야기이기는 한데, 기회가 되어 '외국물'을 먹는 것은 괜찮다. 다른 사람에게서 '엿'을 먹는 일도 없어야겠다. 물론 남에게 엿을 먹이는 일도 하면 안 되겠지만. 또한 시험을 칠 때는 절대 '미역국'을 먹으면 안 된다. 다만 생일날엔 괜찮다.

다음으로 나이를 먹으면 특히 더욱 자주 먹게 되는 고기가 있는데,

'까마귀 고기'이다. 이것은 파는 데도 없는데 어디서 구하는지 희한하게 자꾸들 먹는다. 너무 자주 먹으면 뇌에 아주 안 좋으니 피해야 한다.

다음으로 조심해야 할 음식이 '김칫국'이다. 물론 이 김칫국은 마시는 것 자체가 문제가 되는 것은 아니나, 김칫국'부터' 마시면 안 된다는 사실이 매우 중요하다. 식사를 시작할 때 숟가락으로 김칫국을 떠먹는 경우가 있는데 식사 때야 괜찮지마는 간절히 소망하는 중요한 일을 할 때는 결코 김칫국부터 먹는 일이 없기를 바란다.

또 '눈칫밥'도 먹게 되는 일이 없어야겠다. 설령 다른 집에 얹혀 지내는 신세가 되더라도, 또 남의 덕을 좀 보는 처지가 된다고 하더라도, 기를 펴지 못하고 살면 안 된다. 당당함을 유지하는 것이 좋겠다.

또한 계절 음식 가운데 피해야 할 것이 '더위'이다. 여름에 더위를 먹으면 안 되기에 정월 대보름엔 부럼을 많이 섭취하기를 바란다. 참 희한한 것이 우리말에 '더위를 먹는다'는 표현은 있는데, '추위를 먹는다'는 표현은 없다. 아마 더위가 심할 때는 일하다 정신을 잃고 쓰러질 수 있지만 추울 때는 아예 바깥 활동을 안 하거나 적어도 정신을 잃을 정도로 일하는 경우는 없기 때문이 아닐까 한다.

우리 같은 평범한 사람들과는 전혀 상관이 없는 음식이라 언급해야 할 가치는 크게 없으나 그래도 만일 먹는 일이 발생한다면 그 폐해가 너무나 큰 관계로 어쩔 수 없이 언급할 수밖에 없는 음식이 하나 있는데 그것이 '콩밥'이다. 결코 콩밥을 먹는 일이 생겨서는 안 되니 우리 모두 법을 잘 준수하도록 하자. 더구나 이 콩밥은 한 번 먹게 되면 나중에 꼭 '두부'도 먹어야 하는 번거로움이 따른다는 점을 숙지하자.

한편 음식이 아니라 음식을 먹는 방식에 관한 것인데, 올해는 음식을 차려진 그대로 먹는 것이 좋겠다. 만일 정 입맛이 없다면 비벼 먹는 것까지는 좋다. 그러나 결코 '말아먹지는' 않는 것이 좋겠다. 혹시라도 집안의 재산이나 회사를 말아먹는 일이 있어서는 안 되겠기에 그러하다.

한국어에 왜 이렇게 먹는 것과 관련한 관용표현들이 많을까? 이는, 기본적으로 먹는 것과 같은 원초적인 경험을 통해서 추상적인 관념들을 표현하는 것이 인간의 본능이기 때문이다. 따라서 어느 언어에서건 이처럼 먹는 행위에 빗대어 다양한 추상적 경험들을 나타내는 관용표현들이 많이 있다. 다만 왜 굳이 미역국이며 까마귀 고기인지 특정 음식들과 관련한 기원은 별도로 설명해야 할 부분인데, '분필 가루' 먹고 사는 필자에게는 숙제이다.

'삼시 세끼'는 '역전앞', '딤섬'은 '점심'?

코로나 바이러스가 맹위를 떨칠 때 많은 사람들이 소위 '방콕족'이 되었다. 이젠 모르는 사람이 없을 정도인 이 말은 방에 콕 처박혀 있는 사람들이라는 것을 뜻하는 약어이다. 그런데 이보다는 약간 더 활동 범위가 넓은 사람은 '동남아족'이다. 이는 동네에 남아 있는 사람들이라는 뜻이다. 방콕이건 동남아건 '삼시 세끼'를 집에서 먹는 사람들이 많은 현실이다.

그런데 왜 '삼시 세끼'라는 말이 생겼을까? 이는 하루에 세 끼를 다 챙겨 먹는다는 뜻으로, 본래 우리 민족이 두 끼를 먹었기 때문에 이에 대비하여 나타난 말로 추정된다. 기록에 보면 원래 한국인은 아침과 저녁, 두 끼를 먹었다. 1123년 고려 중기 송나라 사신 서긍이 쓴 『고려도경』에 보면 고려 사람들은 하루에 두 끼를 먹는다고 기록되어 있다. 18세기 후반 조선 후기에 이덕무가 쓴 『청장관전서』에도 우리 선조들은 두 끼를 먹는 것으로 나와 있다.

사실 우리말에 고유어로 된 말은 '아침'과 '저녁'밖에 없고 '점심'(點心)은 한자어라는 점만 보아도 알 수 있다. 점심은 추후에 도입된 것이기 때문이다. 그나마도 선불교(禪佛教)에서 '마음에 점을 찍는' 수준의 '간식'으로 먹던 것이 기원이어서 정식의 식사로 볼 수가 없었다. 이 '점심'(點心)은 북경어에서는 '디엔신'(diǎn·xin)이라고 발음하지만, 중국 남부의 광동어에서는 '딤섬'(dim-sum)이라 발음하는데, 홍콩이나 대만에 가면 흔히 먹을 수 있는, 만두 같이 생긴 간식이다. 지금은 그저 아무 때나 먹을 수 있지만, 원래는 주로 점심쯤에 먹었다.

이제 '끼니'라는 말에 대해 생각해 보자. '끼니'는 '끼'에 접미사 '니'가 붙어 나온 말인데, '끼'(옛 형태 '삐니/쁴니')는 본래 '때', 즉 시(時)를 뜻하던 말이다. 이렇게 보면 '삼시 세끼'는 '그때 당시'처럼 같은 말을 반복하는 '겹말'이 된다.

그러니까 본래 '때'를 뜻하는 말이 '밥'을 뜻하는 말이 된 것인데, 이는, 마치 "아침 먹었니?" 할 때처럼, '아침'과 '저녁'이 본래 '때'를 나타내는 말인데 각각 '아침밥'과 '저녁밥'을 뜻하게 된 것과 동일한 현상이다. 이렇게 우리 민족은 '시간'으로부터 '식사'를 곧잘 끌어낸다.

또 한 가지 우리가 알아 둬야 할 것은 동반을 뜻하는 부사 '함께'도 '끼니'에서 나왔다는 사실이다. 앞에서 말한 것처럼 '끼'가 '때'를 뜻하므로 '한 끼'는 '한때'를 뜻하였다. '한때'란 '한순간', 즉 '동시(同時)에'라는 뜻이 된다. 이 '한 끼'가 음운변화를 거쳐 현대국어의 '함께'가 되었다. 일을 함께하는 것이나, 뜻을 함께하는 것은 '한 끼'에, 즉 '한때'에 하는 것이다.

요컨대, '시간'에서 '끼니'가 나왔고, '한 끼'에서 '함께'가 나온 것이다. 그러니까 우리 민족은 '시간'에서 '밥'을 끄집어내고, 또 시간에서 '동반'과 '협동'도 추출한 셈이다.

그런데 흥미로운 것은 이 '시간'을 매개로 하여 '밥'과 '협동'이 다시 연결되는 측면이 있다는 점이다. 사람의 친소관계를 알아보려면 밥을 같이 먹는 사이인지를 보는 것이 가장 정확하고 빠르다. 일은 같이하여도,

밥은 굳이 같이 먹고 싶지 않은 사이가 있다. 밥은 정말 가깝고 편한 사이라야만 함께 먹고 싶어진다. 친하지 않은 사람과 밥을 먹으면, 밥맛도 없을 뿐 아니라 심지어 소화도 잘 안 될 수 있다.

앞서 언급했듯이 프랑스어에는 '매우 친한 친구'를 뜻하는 단어로, 그러니까 우리말로 '절친'에 해당하는 단어로 copain이라는 말이 있다. 이는 co(함께)와 pain(빵)이 결합한 단어로, 함께 빵, 즉 밥을 먹는 사이라는 뜻이다. '한 끼' 식사를 '함께' 하는 것은 어원적으로도 겹말일 뿐 아니라 인간관계의 관점에서도 동어반복인 것이다.

과거에 사회적 거리두기를 실천해야 했을 때는 집에서 '삼시 세끼'를 하는 것도 좋았다. 하지만 이제는 가급적 밖에서 친한 사람과 '함께' '한 끼' 하는 것이 좋지 않을까?

'봉사료'는 틀린 말!

호텔 같은 곳에서 모임을 하려고 예약을 할 때면 항상 '봉사료'가 포함되는 것을 볼 수 있다. 그런데 여기에서 이 해괴한 '봉사료'라는 것은 무엇인가? 사전에 보면 '봉사'(奉仕)는 '국가나 사회 또는 남을 위하여 자신을 돌보지 아니하고 힘을 바쳐 애씀'이라고 정의되어 있다. 요컨대 돈을 받고 하는 행위를 봉사라고 할 수는 없으므로, '봉사료'라는 표현은 참으로 논리에 닿지 않는 말이 된다.

봉사료라는 말은 본래 영어 'service (charge)'의 번역어인데, 여기서 service를 일률적으로 '봉사'로 번역하다 보니 이런 현상이 일어난 것이다. service의 동사형인 serve는 노예를 뜻하는 라틴어 servus에서 온 말이다. 그러니까 '마치 노예가 주인을 위해 하듯이 충성심을 갖고 일하다'라는 뜻을 가진다. 그리고 이는 곧바로 성직자의 하느님에 대한 경배로 비유되어 하느님의 종으로서 성직자의 역할을 수행한다는 뜻으로도 확장되었다. 여기에 다시 '예배를 드리다'라는 뜻도 나왔으며, 나아가 국가·사회를 위해 헌신적으로 일한다는 의미로 나왔는데, 이 같은 의미들은 모두 우리말의 '봉사하다'와 비슷한 의미를 갖는 것이라서 그렇게 번역하는 것이 옳다 하겠다.

한편 serve는 노예와 주인, 성직자와 하느님, 국민과 국가 등 주종관계나 상하관계에서 벗어나 고용주와 피고용인이라는 수평적인 계약관계로도 확장되어 '~를 위하여 일하다' 혹은 '~에게 용역을 제공하다'라는 의미로도 사용되기 시작했다. 그런데 이 같은 의미는 우리말 '봉사하다'로 번역해서는 안 된다. 상대로부터 대가를 받고 행하는 일이기 때문이다. 특히 이 가운데에서도 식당에서 일하는 '종업원이 손님을 위해 음식 시중을 들다'라는 뜻으로도 쓰이게 되었고, 뜻을 더 좁혀 '종업원이 주방으로부터 손님 테이블까지 음식을 날라다 준다'라는 의미로도 사용하게 되었다. 사실 최근에는 "이 식당은 서빙이 느리군."이나 "서빙은 네가 맡아라."처럼 '서빙'(serving)을 음식을 갖다 주는 행위를 뜻하는 말로 흔히 쓰고 있다. 그래서 '10%의 봉사료가 추가됩니다.'라고 할 때의 '봉사료'는 바로 음식을 갖다 주는 요금인 'service (charge)'의 번역어이고, 따라서 봉사료가 아니라 일종의 인건비인 것이다.

요컨대 serve가 최초에 가졌던 의미는 윗사람에 대한 봉사였지만 그 다음은 (돈을 받고 제공하는) 용역으로 그 의미가 확장되었다고 할 수 있다. 그런데 영어에서는 본래의 의미로부터 전이된 의미들 모두를 service라는 하나의 단어가 다 담당하고 있지만, 이를 한국어의 경우 '봉사' 하나가 모든 의미를 다 커버할 수는 없다. 그러므로 본래적 의미에는 '봉사'로 번역을 하되, 전이된 의미들에는 '용역' 등과 같은 단어로 번역을 해야 타당할 것이다. 다만 문제는 이때 음식을 테이블에 갖다 준다는 의미를 나타내기 위한 적절한 우리말 번역어가 없다는 것이다. '용역비'라고 하기에는 너무 포괄적이고 '운반료'나 '배달료'라고 하기에는 너무 거창하여 적절하지 않다. 그러므로 '서빙'을 외래어로 인정하고 '서빙료'라는 단어를 쓰는 것이 '봉사료'를 쓰는 것보다 훨씬 나을 것 같다.

물론 여기에서 이왕이면 고유어를 살려서 조어를 하는 것이 더 바람직하지 않은가 하는 생각을 할 수 있다. 고유어 동사 '나르다'의 명사형을 활용하는 것이 어떨까 하는 것이다. 실제로 이런 단어가 있는데, 그것이 '며느리'이다. 일반적으로 '며느리'는 어원 미상의 단어로 알려져 있는데, 학자에 따라 고어형 '며ᄂᆞ리'를, 밥을 뜻하는 '메'에 '나르다'라는 뜻의 동사 'ᄂᆞ르'와 접사 '이'가 결합되어 형성된 말로 보는 견해도 있다. 며느리를 집에서 밥을 나르는 사람으로 개념화한 당시의 성차별적인 발상을 드러내고 있어 몹시 씁쓸하다. 아무튼 '나르다'의 명사형을 만들어 쓰는 것이 자연스럽지 않아 이것도 쉽지 않다.

그런데 여기서 흥미로운 사실을 하나 발견하게 되는데, 한국어에도 영어의 serve처럼 주종관계의 충성행위를 나타내는 단어가 있다는 점이다. '시중(을) 들다'가 그것이다. 이는 옆에 있으면서 여러 가지 심부름을 함을 일컫는데, 여기서 '시중'은 '시종'(侍從)에서 기원한 말로서 이는 임금을 곁에서 모시고 심부름하는 사람들을 가리킨다. '시종'은 모실 시(侍)와 좇을 종(從)이 결합한 말로, 임금을 모시기 때문에 벼슬이지만 사실상 왕에게는 종이라고 할 수 있다. 그러니까 영어의 예처럼 시종이 주인에 대해 가지는 충성의 태도로부터 '시중', 즉 '봉사'라는 개념을 이끌어 낸 것으로 볼 수가 있다.

그러나 한국어 '시중'은 불행히도 여기에서 그친다. 즉 윗사람에 대한 봉사로 머무는 것이다. 영어에서처럼 수평적인 사람들 사이의 용역이라는 의미로까지 확장하지는 못했다. 영어에서 수평축으로의 이동이 가능했던 것은 서양 사회가 시민혁명을 통해 특권적인 왕족과 귀족 계급을 타도하고 모든 사람이 법률상 평등한 사회를 이룩했기 때문이 아닐까 한다.

앞서 'service (charge)'를 음식을 테이블에 갖다 주는 노동에 대한 대가라고 했는데, 이보다 조금 더 포괄적으로 종업원이 손님을 위해 음식 시중을 드는 대가로도 볼 수 있을 것 같다. 만일 그렇다면 '시중료'라고 부를 수 있을 것 같은데, 문제는 여전히 이 '시중'이라는 말이 주종관계의 느낌을 준다는 것이다. 우리말 '시중'이 이제 영어처럼 수평적 관계에서도 쓸 수 있는 개념으로 확장할 수 없을까? 요즘 '(사람을) 케어한다'는 말을 많이 쓰는데, 이는 '돌본다'는 말이 역시 주종관계를 전제로 하는 듯하여 이에 대한 대안으로 쓰는 것이 아닐까 한다.

한국어는 정말 멋진 언어인데 새 시대에 필요한 수평적인 인간관계를 나타내는 단어들이 부족한 듯하다. 이제부터 주종관계를 나타내는 단어들을 수평관계를 나타내는 상황에도 씀으로써 수평관계의 의미로 확장하도록 해보면 어떨까? 영어의 serve가 그랬던 것처럼!

'밥심'과 '등심'의 관계

괜히 울적하고 무기력한 느낌이 들 때, 한국인은 맛있는 것을 먹고 힘을 내야 한다고 생각한다. 가장 쉽게 떠오르는 음식 가운데 하나가 등심이다. 역시 힘을 내는 데는 등심이 최고야, 하면서. 왜 그럴까? 이에 관한 언어학적인 답변을 한다면, '등심'은 본래 '등힘'이었던 것이 변한 말이기 때문이다.

우리말에서 '힘'은 흔히 '심'으로 바뀐다. '허릿심, 다릿심, 뒷심, 뱃심, 고갯심, 뚝심, 주먹심, 팔심' 등이 그러하다. 어디 그런 '심'만 있는가? '그 녀석 입심 좋네'라고 할 때의 '입십'도 그렇다. 또 한국인은 '밥심'으로 산다고 한다고 하지 않는가?

이처럼 'ㅎ'이 'ㅅ'으로 바뀌는 현상은 학교 다닐 때 배웠던 '구개음화'의 일종이다. 구개음화란 'ㄷ, ㅌ, ㅎ' 같은 음이 'ㅈ, ㅊ, ㅅ'과 같은 구개음으로 바뀌는 현상을 말한다. 예를 들어 '굳이'가 '구지'로 발음되고, '같이'가 '가치'로 발음되는 현상에서 'ㄷ, ㅌ'의 구개음화를 확인할 수 있다.

'ㅎ'이 'ㅅ'으로 바뀌는 구개음화의 가장 알기 쉬운 예로는 '형님'을 '성님'으로 발음하는 것을 들 수가 있다. 중세어 '혜다'(算數)가 '세다'로 바뀐 예에서도 확인할 수 있다. 현대국어에서도 여전히 '(날짜나 돈을) 세다'라고 하는 대신 '(날짜나 돈을) 헤아리다'라고 하는 예를 확인할 수 있다. 여기에서 '헤아릴 길 없는 슬픔이 몰려왔다'와 같이 비유적인 의미로도 전이되었다. 시인 윤동주의 '별 헤는 밤'에서도 사용되었으며, 강원도 등의 방언에서는 여전히 '세다'의 자리에 '헤다'를 쓴다. 명사 '셈'도 '혬'(算數)에서 왔음은 물론이다. 또한 검은 머리에 섞여 난 흰 머리카락을 가리키는 '새치'도 '희다'의 '희'가 '새'로 구개음화된 것이다.

자, 그러면 위에서 예시한 많은 '심'들이 '힘'이 변한 것이라는 점이 금방 이해가 된다. 그러나 '등심'의 '심'도 '힘'이 변한 것이라는 점은 언뜻 이해가 안 된다. 왜일까?

한국어의 '힘'은 본래 '근육'(筋肉), 즉 힘줄과 거기에 붙어 있는 살을 의미했다. 그러던 것이 비유적으로 '힘'(力)을 뜻하게 된 것이다. 언어의 의미는 우리가 직접 체험할 수 있는 물리적인 대상으로부터 우리가 직접 체험하기 어려운 추상적인 개념으로 전이된다. 즉 추상적 개념을 설명하기 위해 구체적인 대상을 이용하는 것이지 그 반대의 경우는 없다.

'힘'은 어떤 대상을 움직이거나 제어하거나 적어도 영향을 미칠 수 있는 물리적 혹은 정신적 능력을 말하는데, 이는 근본적으로 우리 몸에 있는 근육에서 나온다는 것을 우리 선조들은 알고 있었던 것이다.

그런데 '등심'과 '안심'은 어떻게 정해진 명칭일까? '등심'이란 등뼈에 붙은 힘, 즉 근육을 말한다. 마찬가지로 '안심'이란 갈비 안쪽의 근육을 말한다. 이처럼 우리말은 근육이 붙어 있는 신체 부위로 명칭을 정했다.

영어는 어떠할까? 영어도 '등심'의 경우는 우리말과 같다. '등심'에 해당하는 sirloin은 15세기 초 프랑스어 surlonge에서 온 말로, 'sir-'(프랑스어 sur로부터 전래)는 '위', loin(고대프랑스어 loigne로부터 전래)은 '둔부'(엉덩이)를 뜻한다. 즉 글자 그대로 '엉덩이 윗부분'이라는 뜻이다.

그런데 여기에는 재미있는 이야기가 있는데, 이는 앞부분의 영어 철자 'sir-'를 기사 작위를 뜻하는 sir로 간주하는 설명인데, 1620년대부터 매우 많은 문헌에서 지적되어 있다. 이 민간어원설에 따르면 영국의 많은 왕들이 이 소고기 부위의 우수성을 인정하여 기사 작위를 내렸기 때문에 sirloin이 된 것이라는 설이다. 딱 봐도 황당한 이야기로서, 어떻게 소 엉덩이에 기사 작위를 내릴 수 있겠는가 말이다. 그래도 이 설은 매우 끈질기게 전해 내려왔는데, 작위를 내린 왕이 헨리 8세다, 제임스 1세다, 찰스 2세다, 참 다양하다. 그중 하나만 예를 들면 때는 1655년이고 수여자는 헨리 8세라고 풀러(Fuller)의 『영국의 교회사』(*Church-History of Britain*)에 기록되어 있다.* 해학이 넘친다.

반면에 '안심'에 해당하는 tenderloin은 tender(부드러운)와 loin의 결합으로, 돼지고기 또는 쇠고기 등심의 가장 부드러운 부분임을 강조하는 이름이다. 근육에서 힘이 나오니, 등심이나 안심을 먹고 힘을 내보자!

나아가 '뚝심'이 세지면 좋겠다. 물론 뚝심이 지나쳐서 고집이 '쇠심줄'(소의 힘줄) 같아지면 곤란하겠지만.

---

* 월터 W. 스키이트(Walter W. Skeat), 『영어의 어원 사전』(*An Etymological Dictionary of the English Language*, 1882).

원샷! 각국 건배 구호의 차이

술을 마실 때면 취기를 적절한 수준으로 올리기 위해 잔에 있는 술을 한 번에 다 마실 것을 상대에게 요구할 때가 있다. 이럴 때 상대에게 건네는 건배 구호는 언어마다 다른 방식으로 표현된다.

한국인들은 흔히 '원샷'이라고 하는데, 이것은 영어의 one shot을 가리키는 말이지만 실제 영어에서는 쓰지 않는 표현이다. 'in one shot'(한꺼번에, 단번에)이라는 표현으로는 훌륭한 영어가 되지만, 잔을 한 번에 비우라는 뜻으로는 안 쓰인다.

이때 진짜 영어에서는 'Bottoms up!'이라고 하는데 이는'(잔의) 바닥을 위로'라는 뜻이다. bottoms는 본래 사람의 엉덩이를 가리키는 것으로(두 쪽으로 구성되어 있어서) 항상 복수형으로 쓰는 단어이다. 그런데 이 말이 비유적으로 잔의 바닥을 가리키게 되었다. 바닥을 위로 하면 술을 다 마셔야 술이 쏟아지지 않으니 한 번에 다 마시라는 뜻이 된다.

중국어에서는 '깐뻬이'(乾杯)라고 하는데 한국어에 들어와서 '건배'가 되었다. 이는 '잔을 말려라'라는 뜻이다. 이때의 '乾'(건)은 '마를 건' 자(字)로 '건어물', '건빵' 할 때의 그 글자이다. '건강'(健康) 할 때의 '건' 자로 잘못 알고 있는 사람들이 꽤 있는데, 잘못된 것이므로 잊어야 한다. 잔을 말리라는 말은 잔에 술방울을 없앨 정도로 마시라는 것이니 한 번에 비우라는 뜻이 된다.

두 언어를 비교하자면, 영어에서는 바닥을 위로 하라고 하는 반면에, 중국어에서는 잔을 마르게 하라고 하는 것이다. 한편 프랑스어에서는 'Cul sec!'(퀴섹)이라 하는데, 이는 '바닥을 말려라'라는 뜻으로 영어와 중국어의 조합을 보이고 있어 흥미롭다.

스페인어에서는 '¡hasta el fondo!'(아스타 엘 폰도)라고 하는데, 이는 '바닥까지'라는 뜻으로 결국 '끝까지 마시라'라는 말이 된다. 또는 '¡fondo blanco!'(폰도 블랑코)라고도 하는데, 이는 '바닥을 하얗게' 만들라는 뜻으로, 바닥에 술이 없도록 하라는 말이어서 같은 의미를 나타내게 된다.

한편 페루에 사는 내 친구는, 그곳 스페인어에서는 다음과 같은 표현을 쓴다고 한다.

'¡Seco!'(세코), 즉 '(잔을) 말려라'

'¡Revuelto!'(레부엘토) 즉 '(잔을) 거꾸로'

요컨대 술잔이라고만 하는지 아니면 술잔의 바닥이라고 표현하는지의 차이와 잔을 거꾸로 하는지 아니면 잔을 말리라고 하는지의 차이가 있을 뿐 전체적으로 대동소이하다고 하겠다.

이들 언어에서는 모두 술 자체에 초점을 맞춘다는 공통점을 갖고 있다. 그러니까 술잔을 거꾸로 하여도 술이 쏟아지지 않게 하거나 술잔을 마르게 하여 술이 한 방울도 남지 않게 하는 것이다.

그런데 우리는 어떻게 표현하는가? 우리는 잔을 말리라고 하지도 않고, 잔을 거꾸로 하라고도 하지 않는다. 그저 '잔을 비우라'라고 한다. 비우면 다시 '잔을 채워 준다'.

한국인은 비우고 채우는 행위로 표현하는 것이다. 우리에게는 술보다는 술잔이라는 공간의 차고 비워짐에 초점을 맞춘다는 점에서 다른 언어들과 차이를 보인다.

이런 사고방식은 술자리에서 상대의 잔이 결코 비어 있는 상태로 내버려 두지 않는 것을 예의로 생각하는 것을 보아도 명백하다. 또한 우리가 결코 스스로 잔을 채우지 않고, 항상 상대의 잔을 채워 주는 것을 예의로 생각하는 것을 보아도 그러하다.

한국인에게 술을 마시는 행위는 그저 술을 소비하는 것이 아니라, 술잔이라는 작은 공간을 서로 채워 줌으로써 서로의 마음도 채워 주는 소통의 행위인 것이다. 그래서 우리에게 술을 마신다는 것은 술자리 내내 상대의 술잔을 관리하는 행위인 것이다. 이러니 한국인들은 혼자 술을 마시는 법이 없고 함께 어울려 마실 수밖에 없다.

그러나 장기적인 팬데믹 상황을 겪다 보니, 이제는 우리나라도 혼술을 하는 사람들이 점차 늘어나고 있다. 우리의 음주 문화가 바뀌고 있음을 목도하게 된다.

하지만 나는 우리의 음주 문화가 아무리 바뀌어도 결코 변하지 않는 것이 있는데, 이는 술잔을 채워 주는 주도(酒道)일 것 같다.

보라!

혼술을 할 때도 우리는 자신에게 술을 따라 주고 있지 않은가!

우리는 술을 마시면서, 자신에게 채워지고 비워지는 술잔을 건네며, 채워지고 비워지는 자신의 마음을 보고 있는 것이다.

ETYMOVERSE

CHAPTER 5

5장

코로나가 만든 말들

9791197909955 03700

HOSPITAL과 HOTEL이 같은 어원이라고?

초기의 인류는 '병'(病)이라는 것을 어떻게 개념화했을까? 병에 걸리면 몸도 아프고 움직이기도 힘들고 때로는 열도 나고 밖에 나갈 수도 없고 심하면 누워 있어야 하는 등의 불편한 증상이 생기는 데에 중점을 두었다. 영어에서는 병을 disease라고 하는데, 이는 '편안함, 안락함'을 뜻하는 ease(형용사형이 '쉬운, 편리한'을 뜻하는 easy)에 '반대'를 뜻하는 접두사 dis가 붙어서 만들어진 말이다. 그러니까 '불편한 것'이라는 뜻이다.

그렇다면 우리의 선조들은 병을 어떻게 표현했을까? 우리는 병에 걸리면 겪게 되는 '고통'에 대해 많이 표현했던 것 같다. 몹시 애를 먹거나 어려움을 겪는다는 뜻을 우리는 '홍역을 치르다'라며 '홍역'이라는 병에 걸렸을 때의 고통으로 대신 표현하고, 괴롭거나 어려운 상황을 벗어나느라고 진땀을 빼거나, 그것에 거의 질려 버릴 때 '학을 떼다'라고 하는데, 여기서의 '학'은 '학질'(瘧疾)을 가리키는 것으로 말라리아(malaria)를 의미하는 한자어이다. 학질에 걸렸을 때의 끔찍한 고통을 환기시키는 표현이다.

한편 서양인들도 심한 전염병에 걸렸을 때의 힘든 정신 상태에 대해 곧잘 표현하고는 했는데 대표적인 예가 '티푸스'(typhus)이다. 한자로는 '질부사'(窒扶斯)로 음역되어 예전에 '장질부사'라고도 했던 '장티푸스'가 생각날 것이다. '장 티푸스' 외에도 '발진 티푸스' '파라 티푸스' 등이 있다. 이 '티푸스'는 희미하거나 연기가 자욱하다는 뜻의 그리스어 티포스(τυφος, týfos)에서 유래되었는데, 이 병에 걸리면 열이 나면서 정신 상태가 희미해지고 망상에 빠지기 때문에 이렇게 명명되었다. 이 '티포스'와 동일한 어근의 '티폰'(τυφον, typhon)은 회오리바람을 뜻하는데, 이것이 영어에 들어와 typhoon, 즉 '태풍'이 되었다.

결국 동서양을 막론하고 '병'을 증세로 인한 고통을 통해 표현한 것인데, 이를 타인을 향해 표현하면 저주가 된다. 예를 들어 우리말에 '염병할 놈'이라는 저주 표현이 있는데, 상대가 '염병', 즉 전염병(傳染病)에 걸려 고통을 당할 것을 바라는 것이다.

한편 병에 걸리면 치료를 해야 하는데, 한국어에서는 병에 높임말을 붙이는 특별한 방식을 쓰기도 한다. 천연두를 '마마'라고 하는 것이다. 본래 '마마'(媽媽)는 '상감 마마' '대비 마마'처럼 임금 및 그의 가족과 관련된 명사 뒤에 붙어 '존대'의 뜻을 나타내는 말인데, 이것을 병의 이름에 붙인 것이다. 이처럼 질병의 이름에 존칭을 붙이는 것은 병을 옮기는 신에게 존칭을 써서 신의 노여움을 덜자는 주술적 사고에서 나온 것이다.

서양에서도 이와 유사하게 병균에 왕의 대우를 해주는 경우가 있다. 바로 '코로나 바이러스'이다. 바이러스에 라틴어로 왕관(crown)을 가리키는 '코로나'(corona)라는 이름이 붙인 것인데, 그 이유는 바이러스 입자들의 주변부가 왕관처럼 혹은 태양 코로나처럼 생겼기 때문이었다. 이름이 그렇게 지어져서 그런지 많은 바이러스 가운데에서도 특히 위세를 떨치는 것이 아닌가 하는 생각도 든다. 이 라틴어 단어 corona가 영어에 들어와 crown이 되었는데, coronation(코로네이션)도 여기에서 파생된 어휘로, 왕관을 머리에 쓰는 의식, 즉 '대관식'을 의미한다. '마마'와는 결이 다르지만 결론적으로 높은 대우를 한 것이라는 점에서는 마찬가지이다. 그런데 '왕관'을 썼다고 항상 좋은 일만 일어나는 것은 아닌 것 같다. 멕시코의 유명한 맥주 '코로나'가 한때 코로나 바이러스를 퍼뜨린다고 오인받아 한때 판매가 금지되는 소동을 겪은 바가 있다.

이제 병의 회복에 관한 표현에 대해 생각해 보자. 우리는 흔히 병이 '낫는다'고 하는데, 이는 몸이 병이 나기 전의 상태로 되돌아가는 것을 뜻한다. 영어에서도 마찬가지로 이를 recover라고 한다. 그런데 한국어에만 있는 여겨볼 만한 단어가 하나 있는데, 이는 '고치다'이다. 병을 '고친다'고 하는 것은 '병'을 '잘못된 것'으로 보고 이를 본래의 올바른 상태로 되돌린다는 뜻이다. 사실 한의학에서는 병이 외부에서 침입한다기보다는 우리 몸의 균형 상태가 잘못된 것으로 보는 경향이 강하다. 이를 '바로잡는' 것이 '치료'인 것이다. 한자어 '치료'도 다스릴 치(治) '고칠' 료(療)로 이루어져 있어, 고친다는 관념이 들어가 있다. 그러나 영어에는 이러한 개념이 없다. '고치다'는 영어로 correct인데 이는 결코 '병'을 목적어로 할 때는 쓸 수 없다.

반면에 영어에서 병을 고친다고 할 때는 cure나 heal을 쓴다. 서양은 병 자체보다는 병에 걸린 사람을 중심으로 사고하는 경향이 강하기 때문인데, cure는 본래 '사람을 돌본다'(care)는 뜻이다. cure는 라틴어 curare(돌보다, 관리하다)로부터 고대프랑스어 curer를 거쳐 영어에 들어왔다. 본래 '사람을 돌본다'(cure a person)는 뜻으로부터 '병을 치료한다'(cure a disease)는 뜻으로 확장되었다. 이 '돌보다'라는 개념은 신체 부위에까지 확장되었는데, 손톱을 관리한다는 뜻의 '매니큐

오텔 드 빌(Hôtel de ville)

어'(manicure)가 그것이다. 여기서 mani는 손을 뜻하는 라틴어 manus에서 온 것이다. 이는 cure가 병이 아니라 본래 사람을 돌보는 개념이었음을 잘 말해 주는 예가 된다.

이 같은 관념이 적용된 또 하나의 예가 hospital이다. 이는 본래부터 병원을 뜻하는 말이 아니었다. 본래는 '게스트 하우스'나 '여관'을 뜻하는 후기 라틴어 hospitale에서 고대프랑스어를 거쳐 13세기 중엽 영어에 들어왔는데, 처음에는 극빈자들을 구호하고 수용하는 자선 시설, 즉 빈민구제소를 뜻했으나, 그러다가 그 가운데에서도 병에 걸린 사람들을 중점적으로 받다 보니 자연스럽게 환자를 수용하는 병원으로 이 hospital의 기능이 바뀌었다. 이 때문에 오늘날 '(종합) 병원'이 파생된 것이다. 물론 여기에서부터 죽음을 앞둔 말기 환자용 병원인 '호스피스'(hospice)도 파생되었다.

본래 hospital이 무료로 숙식을 제공하는 시설이다 보니 여기에서 '손님맞이'라는 뜻의 hopitality가 파생되었는데 이는 더 나아가 '환대' '융숭

오텔 데 쟁발리드(Hôtel des Invalides)

한 대접'이라는 뜻을 갖게 되었다. 요컨대 '빈민구제소'를 기원으로 하여 '병원'이라는 뜻의 hospital과 '환대'라는 뜻의 hospitality가 연결된 것이다.

그런데 여기서 흥미로운 것은 후기 라틴어의 hospitale가 또 하나의 파생어를 만들었는데 우리가 오늘날 흔히 쓰는 hotel(호텔)이라는 것이다. hospitale는 고대프랑스어에서 hostel로 변화하면서 숙박업소, 숙소, 집 등의 뜻으로 쓰였는데 이것이 영어에 들어가 숙박업소라는 뜻으로 정착하였다. 청소년들의 수용을 위한 숙박시설인 '유스호스텔'(youth hostel)에서 그 예를 볼 수 있다. 이후에 프랑스어에서는 s가 탈락하여 hôtel이 되었는데, 이것을 다시 영어에서 외래어로 수입하여 hotel이 되었다. 그러니까 한 단어를 두 번 수입하다 보니 hostel과 hotel의 두 형태가 존재하게 되었는데, 전자는 옛 용법이어서 이제 더는 쓰이지 않고 다만 youth hostel의 경우에만 관용적으로 사용되고 있다.

한편 프랑스어에서는 hôtel이 숙박업소라는 뜻 이외에 '(호화스러운) 대저택'이라는 뜻도 가지게 되었는데, Hôtel de ville(오텔 드 빌)과 Hôtel des Invalides(오텔 데 쟁발리드)의 예를 들 수 있다. 전자는 영어로 직역하면 hotel of city로서 '시청'을 뜻한다. 프랑스에 처음 도착하는 사람들은 흔히 굉장히 좋은 큰 호텔로 착각한다. 또 후자는 나폴레옹의 관이 있는 곳으로 유명한 대저택인데 뒤의 Invalides(앵발리드)는 상이군인(영어의 invalid가 (혼자 생활하기 어려운) 병약자를 뜻함을 상기해 보라)을 가리키는 말이므로 상이군인을 치료해 주던 병원이었다.

바이러스는 액체였다?

르네상스 시대부터 일부 학자들은 눈에 보이지 않는 미생물에 의해 질병이 전파될 수 있다고 주장하기 시작했다. 그러나 17세기에 안토니 판 레이우엔훅(Antoni van Leeuwenhoek)이 현미경을 발명하기 전까지는 이 같은 사실을 확인하지 못했다. 그 후에도 미생물이 질병을 일으킨다는 사실이 입증되기까지는 200년이 더 필요했다. 19세기 후반, 루이 파스퇴르를 비롯한 과학자들의 연구는 많은 질병이 미생물인 박테리아에 의해 발생한다는 것을 밝혀냈다.

그런데 전염병에는 이 박테리아(미생물)에 의한 것 외에도 바이러스(virus)에 의한 것도 있다. 바이러스란 생물체에 기생하여 번식하면서 질병 등을 일으키는 단백질 결정체이다. 이것이 생물일까 무생물일까 하는 질문을 흔히 제기하는데, 효소나 세포 구조를 가지고 있지 않기에 스스로 물질대사를 수행하지 못한다는 점에서 무생물이지만, 자기 복제를 하므로 생물이라 할 수 있는, 생물도 아니고 무생물도 아닌 딱 중간체적 존재이다.

페스트(흑사병)는 박테리아이지만 천연두와 코비드19는 바이러스이다. 그러나 옛날 사람들은 전염병이 발생했을 때 박테리아에 의한 것인지 바이러스에 의한 것인지를 알지 못하였다. 심지어 미생물학의 아버지라 불리는 루이 파스퇴르(Louis Pasteur, 1822~1895)조차도 바이러스를 매우 작은 또 다른 종류의 박테리아라고 생각했을 뿐이다. 대부분의 바이러스는 19세기 현미경 기술로는 볼 수 없을 정도로 너무 작았기 때문이다.

1892년 드미트리 이바노프스키(Dmitry I. Ivanovsky)라는 러시아 과학자는 담배 식물의 잎을 파괴하는 담배 모자이크병을 연구하고 있었는데 감염의 원인이 되는 병원균(당연히 박테리아라고 생각하고)을 찾기 위해 미세한 필터를 통해 병든 잎의 추출물을 걸러 냈다. 그런데 그는 그 병원균들이 필터에 남지 않고 바로 통과해 버린다는 사실을 발견했다. 6년 후, 네덜란드의 식물학자 마르티누스 베이에링크(Martinus Beijerinck)도 같은 실험을 수행할 때 동일한 결과를 얻었는데, 이로 인해 그는 감염원이 미생물이 아니라 '전염성이 있는 살아 있는 액체'라는 결론을 내렸다. 그는 이 액체를 '독극물'(특히 액체)이라는 의미의 '바이러스'(virus)라고 명명하였다.

그러다가 세월이 좀 흘러 1930년대에 기술의 발전으로 훨씬 더 작은 기공으로 필터를 제조할 수 있게 되어 바이러스가 액체가 아니라 입자라는 것을 증명할 수 있었다. 그리고 마침내 등장한 최초의 전자 현미경에 의해 마침내 바이러스를 직접 관찰할 수 있게 되었다. 요컨대 바이러스의 정체를 알기 전까지는 '독성 액체'라고 생각했기 때문에 그러한 명명이 이루어졌던 것이다.

그렇다면 '박테리아'는 어떻게 이름 붙여진 것일까? 1847년 그리스어 bakterion(박테리온)으로 명명하였는데, 이는 '막대기'를 뜻하는 baktron(박트론)의 축소어(diminutive)이다. 즉 '작은 막대기'라는 뜻. 처음 관찰된 박테리아가 막대 모양이었기 때문에 그렇게 부른 것이다.

이처럼 과학적 지식이 완성되기 전에는 당시 연구자의 견해에 입각한 명명이 이루어졌는데, 많은 경우에는 당시에는 지배적인 사고체계였던 점성술(astrology)의 믿음에 따라 명명이 이루어지기도 하였다. 예컨대 바이러스의 한 종류로 15세기에 명명된 '인플루엔자'(influenza)의 경우 이탈리아어로 지어진 것인데 이 말은 영어의 influence와 같이 '영향력'이라는 뜻이지만 '하늘, 별자리의 영향력'을 뜻하는 것이었다. 즉 별이 특정한 위치에 있을 때 별에서 미묘한 힘이 흘러나와 사람의 성격이나 운명에 영향을 미치는 힘을 뜻하였다. 당시 까닭을 알 수 없이 수많은 사람들이 고열로 쓰러지는 전염병을 '별자리의 영향력'으로 부른 것이다. 이 인플루엔자(influenza)를 줄인 말이 '플루'(flu)인데, '신종 플루'라는 말을 통해 많이 들어 보았을 것이다. 이 flu는 영어의 구어에서 흔히 쓰는 말인데, 이 인플루엔자를 과거에 '독감'이라고 번역하는 바람에 우리나라 사람들이 흔히 이를 독한 감기 정도로 오인하게 되었다. 그리고 새들에게 감염되는 '조류 인플루엔자'(영어에서 흔히 bird flu로 약칭)를 '조류 독감'이라고 한때 많이 썼었다.

전염병은 영어에서 epidemic이라고 하는데, 이 말은 그리스어 epidemia에서 유래한 말로 epi(사이에, 위에)와 demos(사람, 지역)가 결합된 단어이다. 즉 '사람들 사이에' 머물거나 퍼지는 병을 말하는 것이다. 여기서 demos는 democracy(민주주의)와 demographics(인구학)에 나오는 어근이다.

전염병 가운데 코비드19(COVID-19)처럼 전 세계적인 유행병이 되는 것을 '팬데믹'(pandemic)이라고 하는데, 이는 그리스어 pandemos를 모델로 1660년경에 처음 만든 말로, 'pan-'(모두)과 demos의 합성어이다. 즉 '모든 사람, 모든 지역'에 창궐하는 병(disease)이라는 뜻이다. 1927년에 운항을 시작하여 세계적인 항공사가 되었다가 1991년에 파산한 팬아메리칸 항공(Pan American World Airways), 즉 '팬암'(Pan Am)에서도 이 'pan-'을 볼 수 있는데, 범아메리카적인 항공사가 되겠다는 처음의 포부를 읽을 수 있다.

반면에 특정한 지역에만 머무르는 병, 풍토병을 엔데믹(endemic)이라 한다. 2020년 3월 11일 세계보건기구(WHO)가 2020년 3월 11일 코로나19에 대한 '팬데믹(세계적 대유행)' 선언을 한 이래 3년여 만에 엔데믹화하였다. '엔데믹'은 그리스어 endemos, 즉 'en-'(안에)과 dēmos(사람, 지역)의 결합어로서 특정한 지역이나 사람들 사이에 퍼진 병이라는 뜻이다.

한편 virus의 형용사형 viral은 20세기에 만들어진 단어로, 당연히 본래 '바이러스의'를 뜻했는데, 1990년대 마케팅 전문 용어로 '공유를 통해 갑자기 널리 퍼지는'이라는 의미로 사용되기 시작했다. 이는 컴퓨터 바이러스가 확산하는 모습이 바이러스가 퍼지는 것과 비슷하게 엄청난 속도와 폭을 보였기 때문이다. 흔히 '바이럴 마케팅'(viral marketing)이라는 용어로 자주 쓰이는데, 이메일이나 블로그나 카페, SNS 등을 통해 소비자들이 자발적으로 어떤 기업이나 기업의 제품을 홍보하기 위해 널리 퍼뜨리게 하는 마케팅 기법이다. 바이러스는 나쁜 이미지이지만 이 '바이럴'은 그렇지 않으며, '바이럴 마케팅'에서는 오히려 바람직한 마케팅의 의미로 많이 쓰인다. 심지어 어떤 이들은 '희망의 바이러스'를 퍼뜨려야 한다고 쓰기도 한다.

사실 컴퓨터 바이러스는 인체에 들어와 작용하는 바이러스와 아무런

관계가 없다. 이는 컴퓨터의 정상적인 동작에 나쁜 영향을 미치거나 저장된 데이터나 프로그램을 파괴하는 프로그램일 뿐이다. 그런데 생물체에 기생하는 바이러스처럼 자기 자신을 복제하여 다른 컴퓨터에 전염시키는 특성을 갖고 있기 때문에 이 같은 전파 방식이 유사하여 이렇게 은유적으로 이름지어졌다.

'백신'과 '부스터샷'의 기원

'백신'은 어디에서 온 말일까?

영국의 시골 의사였던 에드워드 제너(Edward Jenner, 1749~1823)는 1796년 천연두(smallpox)로 많은 사람이 죽는 것을 목격했다. 그런데 신기하게도 우유를 짜는 여자들은 이 질병에 거의 걸리지 않았던 점에 주목했다. 천연두를 앓다가 살아남은 사람들은 그 후 면역력이 생겨 다시는 걸리지 않는다는 사실이 알려져 있었기에, 그는 천연두와 비슷하지만 증세가 더 약한 우두를 앓았던 사람으로부터 채취한 고름이 천연두를 막을 수 있지 않을까 하는 가설을 세웠다. 그는 제임스 핍스(James Pipps)라는 건강한 8세 어린이를 대상으로 자신의 이론을 테스트했다. 우유 짜는 여자들의 우두(cowpox) 상처에서 고름을 채취하여 소년의 팔에 주입했고, 그 결과 작은 감염 부위가 생겼지만 곧 가라앉고 미열이 발생했지만 본격적인 감염이 일어나지 않고 건강을 되찾았다. 이후 그 아이는 천연두에 걸리지 않았다. 제너는 바이러스가 실제로 무엇인지 알기도 훨씬 전에 바이러스성 질병에 대한 최초의 백신을 개발한 것이다.

제너는 자신이 투여한 우두 바이러스를 '백신'(vaccine)이라 불렀는데, 소에서 취했기 때문에 '소'를 뜻하는 라틴어 명사 vacca에 '~에 속하는' '~성질의'를 뜻하는 접미사 '-ine'을 붙여 만든 말이다. 후자의 예는 caffeine(카페인), histamine(히스타민), adrenaline(아드레날린) 등 수

많은 화학, 생리학 용어에서 볼 수 있다.

그리고 이후 천연두 이외의 질병에도 파스퇴르는 '백신'을 사용했는데, 이로써 백신은 모든 전염병에 대하여 인공적으로 면역을 주기 위해 생체에 투여하는 항원을 지칭하는 말이 되었다.

제너의 백신 개발은 세심한 관찰과 문제 해결에 대한 끊임없는 호기심, 그리고 과감한 실험의 시도라는 3박자가 모두 맞아떨어진 결과물이 아닌가 싶다. 에드워드 제너가 천연두 백신을 만든 후 200년 가까이 지난 1980년에 세계보건기구는 천연두 종식을 선언했다.

COVID-19 백신의 경우에는 대개 1차와 2차의 연속 접종으로 구성되어 있어 두 번의 접종이 필요하다. 화이자 및 모더나 백신을 2차까지 접종하면 예방 효과가 60%에서 약 95%로 증가하기 때문이다.

그런데 이렇게 2차 접종을 완료하고도 정부는 추가로 한 차례 더 접종하는 것을 권장했는데, 시간이 지나면서 면역 반응이 약해질 수 있고 변종 바이러스로부터 보호하는 데도 도움이 될 수 있다고 한다.

그런데 언론에서는 '부스터샷'이라는 말을 많이 쓴다. 뻔히 '추가 접종'이라는 우리말이 있는데 왜 굳이 영어를 쓸까?

'부스터샷'은 영어 booster shot을 한글로 표기한 것인데 직역으로는 '촉진 주사'를 뜻한다. 영어의 boost는 '(사기, 자신감을) 고양하다, 진작시키다, (수출을) 신장시키다, (경기를) 부양시키다, (약의 효과를) 촉진시키다'라는 의미를 갖고 있기 때문이다.

복합어를 구성할 때 각 언어는 자신만의 독특한 표현 방식을 적용하는 경우가 많다. 예를 들어 온실은 영어로 warm house가 아니라

greenhouse(녹색 집)이고, 초고층 빌딩은 super high building이 아니라 sky-scraping building(하늘을 찌르는 빌딩)이며, 소방수(즉 불을 진압하는 사람)는 firefighter(불과 싸우는 사람)이다. 극장의 매표소(賣票所)를 ticket selling spot(표 파는 곳)이라 하면 안 되고 box office(상자 사무실)이라 해야 한다. 흔히 '전미 박스 오피스 1위'라고 할 때의 그 '박스 오피스'이다. 이것도 사실 '매표소'라 하면 될 것을 공연히 부산을 떠는 것이다. 아마도 '매표소'라 하면 좀 초라한 느낌을 주는 반면에 영어 그대로 '박스 오피스'라고 하면 어딘가 좀 있어 보이는 느낌을 주기 때문이리라.

반대로 한국어를 배운 미국인이 weather forcast를 직역하여 '날씨 예상'이라 하면 안 되고 '일기 예보'라고 해야 하고, application form을 '지원 형태'라 하면 안 되고 '지원 서식'이라고 해야 하는 것과 마찬가지이다.

따라서 '추가 접종'을 나라말마다 다르게 표현하는 것은 자연스러운 일이다. 예컨대 프랑스어에서는 이를 piqûre de rappel 즉 '상기(想起) 접종, 회상(回想) 접종'이라 한다. rappel은 '(감정·용기·기운 따위를) 되살리다, 잊지 않게 하다, 상기시키다'를 뜻하는 동사 rappeler의 명사형이다. 독일어에서는 '갱신, 원기회복'을 뜻하는 Auffrischung에 접종을 뜻하는 Impfung을 더해 만든 Auffrischungsimpfung, 즉 '갱신(更新) 접종'이라 한다. 스페인어에서는 inyección de refuerzo 즉 '강화(强化) 주사'라 표현한다. 물론 한국어에서는 '추가(追加) 접종'이라 한다.

그저 언어마다 표현 방식이 다른 것이고, 언어마다 고유의 용어가 있을 뿐인데, 왜 굳이 '부스터샷'이라고 하는가? 우리말에 용어가 없을 때는 가져다 써서 우리말을 풍부하게 하고, 이미 우리말에 용어가 있을 때는 그냥 쓰면 좋겠다.

'마스크'와 '마스카라'는 무슨 관계?

서양인들과 달리 우리나라 사람들은 마스크를 참 잘 쓰고 다닌다. 그런데 보도를 통해 접해서 잘 알고 있듯이 서양인들은 코로나 창궐 초기에 마스크를 잘 쓰고 다니지 않았다. 이로 인해 많은 사상자가 발생했던 것을 기억할 것이다. 그렇다면 왜 서양인들은 마스크 쓰는 것을 싫어할까?

이는 마스크라는 단어에 대한 이미지와 관계가 있다. 우리가 쓰는 '마스크'라는 말은 영어의 mask에서 왔다. 우리말에서의 '마스크'는 병균이나 먼지 따위를 막기 위하여 입과 코를 가리는 물건이라는 제한된 의미로만 쓰이지만, 본래 영어에서는 보다 광범위하게 얼굴을 보호하기 위해 얼굴의 일부뿐 아니라 전체를 가리는 물건을 두루 가리킨다. 그러니까 방독면, 검투사용 투구 등까지도 mask가 된다.

이 mask는 프랑스어 masque에서 왔고 이는 중세 라틴어 masca에서 왔다. 그렇다면 이 단어는 어디에서 온 것일까? 여기에는 두 가지 학설이 있다. 우선 '어릿광대'를 뜻하는 아랍어 maskharah에서 왔다는 설이 있다. 어릿광대가 얼굴에 탈을 쓰는 것을 생각해 보면 그럴듯하다.

또 하나의 이론은 이것이 프로방스어(provençal, 남부 프랑스 방언)의 mascarar(마스카라르)에서 기원했다고 보는 것이다. 이는 '검게 만들다, 어둡게 하다'라는 뜻을 갖고 있다. 눈화장을 위해 칠하는 '마스카라'(mascara)도 바로 여기에서 온 말이다. 요컨대 얼굴을 '검게, 어둡게 한다'는 뜻에서 얼굴을 '가리다, 차단하다'는 뜻이 나온 것이다. 또한 여기에서 비유적으로 '가장(假裝)하다' '은닉하다' '가리다' '감추다'라는 뜻이 나왔다는 것이다. 이는 mask가 비유적으로 '가장(假裝)', '은닉'이라는 뜻으로도 쓰이고 동사로서 '가장하다, 가리다, 감추다'를 뜻한다는 점을 보더라도 설득력이 있다. 가리는 물건이라는 뜻이 1530년대에 나왔고 '가장' '은닉' '감추다'라는 비유적인 의미가 불과 40여 년 뒤인 1570년대부터 쓰이고 있다는 점도 '어릿광대'설보다 더욱 설득력을 더해 주고 있다. '어릿광대'로부터는 '은닉' '감추다'의 뜻이 나왔다고 보기 어렵기 때문이다. '가장무도회'를 영어에서 masquerade(프랑스어 mascarade)라고 하는데 이것도 물론 mask와 같은 어원이다. 요컨대 마스크는 검게 만든다는 뜻에서 출발하여 가린다는 뜻이 되었고 얼굴을 가리는 물건을 가리키게 되었다.

이렇게 하여 영어에서는 얼굴을 가리는 물건을 모두 하나의 단어 mask로 통칭하여 개념화 하였다. 그러나 한국어에서는 보다 구체적으로 개념화하여 '탈' '가면' '마스크' '복면' 등 네 개의 단어를 쓰고 있다. 마치 영어에서는 rice 한 단어이지만, 한국어에서는 '쌀, 벼, 모, 밥, 죽' 등 여러 단어로 구체화하여 쓰는 것과 같다. 기본적으로 얼굴을 가리는 것은 '탈'이나 '가면'(假面)으로 개념화하되, 보건을 목적으로 하는 것은 차용어인 '마스크'로, 일부러 얼굴을 알아보지 못하도록 할 목적으로 쓰는 것은 '복면(覆面)'이라고 각각 달리 개념화했다.

이처럼 본래의 의미가 조금씩 다르니 비유적으로 쓰일 때의 함축적 의미도 다르다. '탈'과 '가면'은 거짓으로 꾸민 모습을 뜻하기 때문에 부정적인 의미로만 쓰인다. '양의 탈을 쓴 늑대'나 '가면 속에 감추어진 얼굴'처럼.

반면에 '마스크'는 부정적인 함축이 없이 단지 '얼굴'의 환유로 쓰인다. 예를 들어 '그 배우는 마스크가 좋아서 성공할 것이다.'처럼. 그런데 '복면'은 얼굴을 가리려는 의도를 이미 포함하고 있는 말이어서 그런지, 비유적인 의미로는 안 쓰이는 것 같다. '복면강도'는 복면을 한 강도이고, <복면가왕>(모 방송국의 경연 프로그램)도 복면을 한 가왕일 뿐이다.

한국어와 달리 이러한 다양한 뜻들이 영어나 프랑스어, 독일어 등 유럽의 언어들에서는 모두 하나의 단어로 표현되고 있다. 최초의 시작이 얼굴을 가리는 물건에서 시작했다가 연극용 가면으로 확장되었고 그러다가 20세기에 들어와서 보건용의 의미를 추가한 것뿐이다.

만약 우리가 '마스크'라는 외래어 대신에 '탈'이나 '복면'(覆面), 혹은 '가면'(假面)이라는 단어를 쓰고 있다고 상상해 보면 간단하다. 그렇다면 당연히 우리도 부정적이었을 텐데 우리는 보건용만 '마스크'라고 하니까 부정적이지 않은 것이다. 그리고 심지어 우리는 미세먼지에 일상적으로 노출되어 있으니 '탈'이나 '가면'과 달리, 마스크가 생활에서 친숙한 물건이 되어 있다.

서양인들에게 마스크의 핵심적 의미는 얼굴을 가리는 물건이라는 뜻이다. 그래서 부정적 이미지가 아주 강하다. 자기의 정체(identity)를 가리는 떳떳하지 못한 것이다. 그러다 보니 도둑이라든지 테러범이 사용하는 물건이라는 이미지가 덧붙여지고, 특히 이슬람의 히잡에 대한 거부감도 가세하면서 마스크라고 하는 것에 대해서 부정적인 인식이 강해졌다. 특히 프랑스가 19세기 말에 세계에서 제일 먼저 신분증을 도입할 때 사진을 붙인 나라인데, 이때 마스크나 히잡 등을 착용하지 못하게 한 역사도 있어서 유럽인들에게는 더욱더 부정적인 의미가 강화되었다, 얼굴이나 신체를 가리는 의상을 가진 이슬람에 대한 반감이 그것을 가속화한 것이다.

요컨대 한편으로는 언어·문화적인 요인으로 마스크 착용을 꺼리게 되었고, 다른 한편으로는 역사·문화적인 이유로 마스크 착용에 부정적인 태도를 취하게 되었다고 할 수 있다.

여기에 또 하나의 이유가 덧붙여지는데, 이는 서양인 특유의 개인주의와 관련이 있다. 겸손이 미덕인 동양과 달리, 그들은 자신에 대한 자부심을 중요한 가치로 생각하고 있다. 그래서 '나는 강하다, 그러니까 굳이 내가 마스크를 쓸 필요가 없다'는 일종의 자신감을 표현하려 한다. 마스크 거부는 사소한 일에 신경을 쓰지 않는 강인함과 의연함을 보여 주는 방법이다.

특히 트럼프 미국 대통령은 이러한 심리적 경향의 극단이라 할 수 있다. 자신의 영도하에 있는 한 국민들은 별문제가 없을 것이란 것을 보여 주기 위해서 코로나19 자체를 폄하했었다. 그러다 막상 사망자가 너무 많이 발생하니 뒤늦게 입장을 바꾸었다. 하지만 회의나 행사 시에 다른 참석자들이 모두 마스크를 쓰는 상황에서도 한동안 본인은 쓰지 않았다. 그것은 '나는 강하다'는 자의식의 표출이다.

이처럼 서양인들은 마스크에 대해 굉장히 부정적이지만 반대로 우리나라 사람들은 예의 코드로 접근한다. 내가 상대방을 위해서라도 써야 감염을 시키지 않기 때문에 지켜야 하는 예의인 것이다. 이처럼 마스크 착용을 사회적인 예의로 접근하다 보니 집단적이고 조직적인 실천이 이루어질 수 있었던 것이다.

이때 '격리'에 해당하는 영어 어휘가 quarantine(쿼런틴)인데 이 말의 본래 뜻이 참 아이러니하다. 이 말은 40을 뜻하는 옛 이탈리아어 quarantina에서 온 말이다(이탈리아어에서는 quaranta). 1660년대에 페스트가 창궐했을 때 베네치아 세관에서 페스트 발생국들로부터 입항하는 배들을 40일 동안 대기하도록 조처하였다. 40일이 지나도 특별한 증상이 없을 때 입항을 허가했는데 이는 당시에 잠복기를 40일(quarantina giorni, 즉 forty days)로 보았기 때문이다. 이로부터 '40일'을 의미하는 quarantina가 1670년경부터는 아예 '격리 기간'을 뜻하게 되었고 이후 이 단어가 영어에 들어와 quarantine이 '격리'와 '검역'을 뜻하게 되었다.

미국 뉴욕의 상징물인 '자유의 여신상'(Statue of Liberty)이 있는 리버티섬 옆의 엘리스섬(Ellis island)도 뉴욕시에 들어올 사람들을 일정 기간 격리하는 장소로 이용되었다. 이민자들 가운데 범죄자를 포함하여 전염병 보균자들 등을 걸러 내려고 의사들이 심사할 수 있도록 고립된 엘리스섬에서 입국 심사를 하도록 한 것이다.

의학에서는 림프절 페스트와 패혈증 페스트의 잠복기는 1~6일이며, 폐 페스트의 잠복기는 1~3일이라고 한다. 그러고 보면 그 당시에 잠복기를 너무 길게 잡았음을 알 수 있다. 요즘은 항생제 치료 개시 후 48시간까지 격리를 한다고 하니 이래저래 예전에는 지나치게 오랫동안 격리를 했었음을 알 수 있다. 지금은 의학이 발전하여 코로나19의 잠복기를 14일로 잡고 있는데, 만일 이를 아직도 모르고 있었다면 40일 동안 격리를 하고 있을 테니 천만다행이 아닐 수 없다.

그런데, 이처럼 잠복기 파악도 되어 있고, 의료체계도 비교할 바 없이 발전했는데도, 코로나19 사태에 대해 각국이 손쉽게 대처했다고 할 수 없다. 오히려 경제 몰락의 우려가 확산되는 등, 사회 전반에 더욱 큰 파장이 일어났다고 할 수 있다. 이는 왜일까? 치사율이 예상보다 높은 측면도 있지만, 중국 우한에서 발생한 바이러스가 유럽으로 가는 데 단 하루가 걸리지 않는 초연결사회로 세상이 바뀌었기 때문이다.

이제 좋든 싫든 전 세계가 톱니바퀴와 같이 서로 꽉 맞물려 돌아가고 있다. 따라서 바이러스 퇴치를 위해 우리는 사회적 '거리두기'만을 실행해서는 결코 이를 해결할 수 없다. 이와 동시에 사회적 '협력'도 실천해야 하는 역설적 상황에 우리 모두가 처해 있다.

그런데 동양과 서양이 바이러스에 대처하는 방식이 다르다. 유럽이나 미국의 경우에는 소위 '책임지는 자유', 즉 개인의 책임하에서 사회적 접촉과 사회적 거리두기를 자율적으로 선택하는 권리를 많이 주장했다. 특히 미국의 트럼프는 경제 살리기 명분도 있지만 방역 조치를 취하지 않았고, 유럽 정부들도 경제를 손상시키기 싫어 많이 느슨하게 접근하는 바람에 초기 대응에 실패했었다. 특히 네덜란드나 스웨덴은 개인의 권리를 더욱 우선시했다. 반면에 동양의 경우, 우선 중국은 봉쇄에 개인의 권리를 희생시켰다. 한동안 바이러스가 잘 잡히는 듯하였지만 전문가들은 재확산의 우려를 표명하고 있으며, 무엇보다 수백만 명의 난민을 만들어 내고 거주와 이동의 자유라는 기본권을 제한하면서 얻은 결과라서, 이것이

과연 올바른 해결책일까 하는 생각이 든다.

한국은 상당히 특이한 사례인데 봉쇄를 선택하지 않아 경제활동을 유지하면서 비교적 자율적으로 많은 국민들이 방역 조치를 따르는, 경제와 방역이라는 두 마리 토끼를 잡으려 노력한 케이스이다. 그리고 그러한 노력이 큰 무리 없이 좋은 결과를 도출하였다고 할 수 있다.

많은 전문가들이 이제는 바이러스와 공생해야 하는 시대에 돌입했다고 지적한다. 따라서 이제는 일상이 달라져야 한다. 새로운 표준이 일상이 되는 뉴노멀(new normal) 시대로 가야 한다. 봉쇄로 일상을 정지시키고 경제를 죽여서도 안 되고, 터널의 끝이 보이지 않는 일시적인 사회적 거리두기 정책에만 만족해서도 안 된다. 앞으로는 사회적 거리두기를 일상화하면서 여기에 사회적 협력을 추가하여 이를 시스템화해야 한다. 사회적 거리두기로 인해 경제를 위축시키지 않기 위해서는 사회적 협력을 동시에 시행해야 한다. 나는 이것을 '거리 둔 협력'이라 부르고자 한다.

우리 국민이 단결하면 '거리 둔 협력'을 통해 우리나라가 보건, 의학, 과학기술, 사회적 시스템, 인문정신 모두 한 단계 더 도약할 수 있을 것으로 본다.

인류의 역사를 보면 많은 민족과 국가들이 흥망성쇠를 거듭하고 있다. 특히 전염병이 그 동인이 된 경우가 많았다. 위기 때 위기로부터 잘 배우는 나라가 흥한다. 우리는 잘 배우고 있는가?

'위드'(WITH)는 '함께'가 아니었다?

'함께'라는 뜻의 with, 원래는 '대항'의 뜻이었다!

코로나19 방역정책을 '사회적 거리두기'에서 중증 환자 위주로 관리해 나가며 차근차근 일상으로 돌아가자는 취지의 정책인 '단계적 일상회복'으로 전환하면서 '위드 코로나'라는 말을 사용하기도 했다. 그런데 이 말은 올바른 영어 표현이 아니라는 지적이 있었다. 특히 일본의 언론에서 만든 말을 우리 언론이 직수입해서 쓴 것이라는 비판도 있었다.

옳은 지적이다. 과연 이 말은 일반적인 영어권에서는 쓰이지 않는 말이다. 우리가 일상적으로 쓰는 '코로나'(corona)는 영어권에서는 coronavirus 혹은 정식 명칭인 'COVID-19'이라 하고, 또 전치사 with만으로는 의도한 의미를 전하기에 너무나 모호하기 때문이다. 그래서 '코로나와 함께 살기'를 뜻하는 'Living with Corona-19'와 같은 표현 정도는 되어야 한다는 지적들이 있었다.

with의 놀라운 변신… 마치 코로나19처럼. 그런데 여기서 우리가 눈여겨보아야 할 점이 하나 있는데, 그것은 전치사 with(위드)의 의미이다. 우리는 모두 이것이 '함께'라는 뜻을 나타내는 것으로 알고 있다. 그러나 이 어휘는 처음부터 그러한 뜻으로 쓰이지 않았다. 오히려 그 반대인 '~에 대항하여'(against)의 의미로 쓰였던 것이다.

그러니까 처음에는 '대립'을 뜻하다가 이후에 정반대인 '공존'을 뜻하게 된 것이다. 이는, 놀랍게도, 지금 인류가 처해 있는 코로나바이러스의 상황 변화와 너무나 흡사하다. 처음에는 코로나를 퇴치하려고 방역에 초점을 맞추었지만, 이제는 코로나와의 공존을 꾀하는 방향으로 전환하고 있기 때문이다.

고대영어(Old English)에서 with는 '~에 대항하여'(against)나 '~의 맞은편에'(opposite), 혹은 '멀리'(away), '~와 떨어져서'(apart) 등의 뜻을 가졌었는데, 이는 현대영어의 여러 단어에 그 흔적을 남겨 놓았다.

우선 withhold(주지 않다)는 어떤 것을 자신만이 가지고(hold) 남에게 주지 않는다(against)는 뜻을 가지고 있는데, 여기에서 with는 '남에게 대항해서'라는 뜻을 내고 있다.

또 다른 단어 withstand(견뎌내다)는 그저 단순히 서 있는(stand) 것이 아니라 외부의 환경에 대항하여(against) 견뎌내거나 이겨내는 것을 뜻하는데, 여기서도 with는 외부적 환경이나 조건에 대항한다는 뜻을 나타내고 있다. withdraw(철수하다, 물러나다)도 끌어당긴다는 뜻의 draw에 '멀리'(away)라는 뜻의 with가 결합하여 형성되었다. 이 세 어휘 어디에서도 '함께'라는 뜻은 찾을 수 없다.

자주 쓰이지 않는 동사이지만 withsay와 withspeak를 아시는가? 이들의 의미는 결코 '함께 말하다'가 아닌데도 종종 학습자들이나 사전을 찾지 않는 '귀차니스트' 번역자들이 잘못 해석하는 동사들이다. 여기서도 with는 대항의 의미를 나타내기 때문에, 직역하면 '~에 대항하여 말하다, ~와 반대로 말하다'가 되어 이들 동사는 '부인하다, 반박하다'(deny, contradict)를 뜻한다.

with의 어근이 독일어에서는 wider가 되었는데 이것은 현대 독일어에서도 아예 그 본래의 의미인 '~에 맞서서'(against)를 뜻하게 되었다.('함께'는 다른 전치사 mit가 맡게 되었다) 그래서 withsay와 withspeak와 동일한 구성인 독일어 widersagen과 widersprechen도 '부인하다, 반박하다, 반대 의견을 말하다'를 뜻한다. 네덜란드어 동사 wederzeggen (weerzeggen)와 weerspreken도 마찬가지이다.

한편, '과부, 미망인'을 뜻하는 widow도 고대영어 widewe에서 온 말로 이 역시 with와 같은 어원으로 '~와 떨어져서'(apart)라는 의미가 발현된 것이다. 즉 남편과 분리된 사람이라는 뜻에서 나온 것이다. 여기서도 역시 '함께'라는 관념은 없다.

이렇듯, 고대영어에서 '대항하여' '멀리' '떨어져서' 등을 뜻하던 with가 중세영어(Middle English)에 이르러 '연합' '결합'의 의미를 갖게 된 것인데, 어찌하여 이렇게 된 것인지가 참으로 궁금하다. 일반적으로는 고대스칸디나비아어(Old Norse)의 'vidh'가 '함께'를 뜻하기 때문에 그 영향을 받은 것이라고 추정한다. 또한 라틴어 'cum'의 영향도 받아서 그 의미가 '함께'로 바뀌게 되었다고 본다. 그런데 근본적으로 그 같은 의미의 이동이 일어난 이유는 무엇일까?

어차피 이 부분은 추정 이외의 것은 불가능하니 편하게 추정해 보자. 어떤 미지의 물체가 내게 접근해 온다면 이것에 대항하여 싸우거나 견뎌내거나 이겨 내거나 회피해야 할 것이다. 모두 대항의 개념으로 접근하는 것이다.

그런데 만일 그 미지의 물체가 '접근해 온다'라는 개념 자체에 초점을 맞추게 되면, 그리고 그것을 회피하지 않고 받아들인다면 이는 곧바로 인접성과 머무름으로 인해 '동반'의 의미로 전환하게 된다.

코로나바이러스도 마찬가지의 과정을 겪었다. 미지의 바이러스가 접근해 올 때 우리는 이에 대항하여 싸우고 견디고 이겨 내거나 최대한 회피 내지 분리하였다. 이것이 우리가 첫 단계에서 행했던 방역이요 사회적 거리두기였다. 그러나 어차피 우리에게 접근한 바이러스는 결코 떠나지 않고 우리에게 머물렀다. 그러므로 이제는 함께 갈 수밖에 없는 상황에 이르렀었다. 이것이 우리가 '위드 코로나'로 전환하게 된 이유였다.

영어의 전치사 with의 의미 전이는 우리에게 인간 사유의 전이를 설명해 준다. 미지의 것의 접근은 항상 처음에는 경계의 대상이다. 그러므로 대항이나 분리, 즉 회피나 거리두기를 하는 것이 당연하다. 그러다 거기에 어느 정도 익숙해지면 함께 공존하는 것을 모색하는 것이다.

그렇다. 인간의 사유는 변하지 않는다. 동일한 패턴을 반복할 뿐이다. 그렇다면 우리의 할 일은 그 패턴을 거부하지 말고 거기에 잘 맞추어 앞으로 나아가는 것일 것이다.

'델타'와 '오미크론'의 참 공교로운 스토리

코로나19 바이러스가 한창 창궐할 당시 많은 변이형들이 하루가 멀다 하고 발생했다. 그 가운데에서도 한때 서로 우세종 경쟁을 펼쳤던 것들이 델타와 오미크론 변이형이었다. 알다시피 이들 변이형의 이름은 그리스어 문자인데, 당시 세계보건기구(WHO)가 발생 국가 이름으로 부르던 관행을 고쳐서 대중들의 혼동을 피하고 특정 지역이 오명을 쓰는 것을 방지하기 위해 그리스 문자로 바이러스 변이형들의 이름을 정하기로 했기 때문이었다. 그리하여 영국 변이, 남아공 변이, 브라질 변이, 인도 변이 등 최초 신고 지역의 이름 대신 알파형, 베타형, 감마형, 델타형 등으로 명명되었다.

그런데 왜 하필이면 그리스 문자로 정한 것일까? 그리스 문화는 서양 문화의 원류로 간주되어, 가장 중립적인 명명으로 자타가 공인하는 방식이 되기 때문이다. 사실 오래전부터 그리스 문자는 공학, 수학, 과학 분야에서 이미 폭넓게 사용되고 있다. 특히 상수(constant), 함수, 변항 등으로 다양한 그리스 문자들이 쓰이고 있다.

그리스 문자는 오늘날 전 세계가 함께 쓰고 있는 로마자의 원류이기도 하다. 로마자를 흔히 '알파벳'(alphabet)이라고도 하는데 이것도 그리스 문자의 첫 두 글자인 '알파'(alpha, α)와 '베타'(beta, β)에서 따온 것이다. 첫 글자 알파와 마지막 글자인 오메가(omega, Ω ω)를 합쳐 만든

'알파와 오메가'(alpha and omega)는 영어를 비롯한 많은 서양어에서 '모든 것' 혹은 '가장 중요한 것'을 뜻한다. '알파에서 오메가까지'(from alpha to omega)는 '처음부터 끝까지'라는 의미를 띤다.

'알파'는 첫 글자이므로 당연히 '첫째의, 으뜸의'라는 뜻을 가지고, 나아가 '우두머리, 지도자, 강자' 등의 의미를 나타내게 되었다. 예컨대 'alpha male'은 강하고 공격적인 남성을 뜻한다. 컴퓨터 분야에서는 소프트웨어나 하드웨어 제품을 개발할 때의 첫 단계를 가리킨다. 이 단계에서는 주로 버그를 수정하기 위해 테스트를 하게 되는데, 이를 알파 테스트라 한다. 이는 주로 제품을 개발한 팀이 담당하게 된다.

반면에 둘째 글자 '베타'는 제품 개발의 둘째 단계를 가리키는데, 이 '베타 버전'에서는 보통 개발에 참여하지 않았던 외부인들을 모집하여 보다 개선된 버전을 만드는 것을 목적으로 한다. 그래서 베타 테스터를 모집한다는 광고를 볼 수 있다.

그리스 문자의 넷째는 '델타'(delta)인데, 한때 우세종으로 자리하여 문제를 일으키고 있던 가장 강력한 변이형의 이름이기도 하다. 델타형은 다른 변이형들보다 비교할 수 없을 정도로 전파력과 중증도 및 치명률도 높은 것으로 알려져 있었다.

델타는 대문자(Δ)가 꼭 삼각형으로 생겼다. 나일강 하구의 퇴적층이 역삼각형의 모양을 갖고 있기 때문에 헤로도투스(Herodotus)가 그의 저서 '역사'에서 이를 델타라고 불렀는데, 이후 델타는 큰 강 하구의 삼각주를 일컫는 보통명사가 되었다. 동양의 한자 문화권에서의 명칭 삼각주(三角洲) 역시 델타가 가진 세모꼴 특징에 기인하여 만들어진 것이다. 이 명칭에서 주(洲)는 섬이라는 뜻이다. 하구에 이르러 완만한 경사를 통과

하면서 물줄기가 널리 퍼지면서 가늘어지는 가운데 침전물을 꾸준히 운반하면서 수많은 작은 섬들을 만들기 때문이다.

삼각주들은 풍부한 유기물의 퇴적으로 인해 토지가 비옥하여 농업 생산성이 높고, 이로 인해 많은 사람들이 모여 인구가 증가하며, 풍요로운 땅이 된다. 삼각주는 그 땅의 비옥함으로 인해 인간에게 풍요를 안겨준다. 나일강의 범람은 신의 선물이라 하지 않았는가!

그런데 우연하게도 이 풍요로운 이미지의 델타가 강력한 전파력을 보이는 델타 변이 바이러스와 닮았다. 특히 하구에 이르러 강물이 바다로 퍼져 나가는 모양에 델타 변이 바이러스가 퍼져 나가는 모양과 흡사하다.

나일강 델타에 이어 미국에 있는 '미시시피 리버 델타'(Mississippi River Delta)를 빼놓을 수가 없다. 루이지애나주의 미시시피강 하구 멕시코만 연안에 위치하는 이 델타는 농업의 풍요뿐 아니라 음악의 풍요로움으로도 유명하다. 주지하다시피 뉴올리언즈(New Orleans)는 재즈의 탄생지이다.

이 지역은 케이준(Cajun) 요리로도 유명한데, 이는 캐나다에서 이주해온 프랑스계 주민들의 요리법에 기초하여 이곳 델타에서 생산되는 곡물을 비롯한 다양한 식재료에 양념, 패각류 등을 더하면서 풍요로운 향과 풍미를 지닌 요리를 창출하였다.

이처럼 그리스 문자 '델타'는 농업, 인구, 문명적으로뿐 아니라 음악적으로도 풍요의 근원이라는 이미지를 쌓았다.

이 같은 이미지는 군사 분야에까지 확장된다. 전 세계 최고의 특수부대 중 하나라고 칭해지는 미국 육군의 티어1 대테러 부대 별명이 바로 '델타 포스'(Delta force)인데, 이 특수부대의 활약상은 너무도 유명하여 여러 편의 영화로도 제작되었다. 이 부대의 이름을 많은 그리스 문자들 중 굳이 델타로 하였는지는 분명 델타가 가지는 풍요의 이미지와 무관하지 않을 것이다. 거기에 과학 분야에서 차이와 변화를 나타낼 때 흔히 Δ(델타)를 쓰기 때문에 이는 항상 변화와 도전이라는 이미지까지 더해져서 강한 부대의 이름으로 손색이 없다.

이상과 같은 델타의 이미지는 공교롭게도 당시 가장 강력한 우세종으로 위세를 떨치던 델타 변이형의 이미지와도 너무나 일치했다.

그런데 그 이후 '오미크론' 변이형이 새로운 우세종으로 부상했다. 오미크론은 그리스어 문자의 15번째 글자인데, 사실 이 변이형은 13번째라서 일치하지 않는다. 왜 이렇게 되었을까? 본래는 13번째 글자인 '뉘'(N ν)로 하여야 하는데, 하필 이 글자가 영어에서는 '뉴'라고 발음되어서 'nu variant'라고 하면 '새로운 변이형'(new viariant)이라는 뜻으로 오인될 가능성이 많았다. 그래서 이를 포기하고 다음 글자로 넘겼다. 그런데 또 다음 문자가 하필 '크시'(Ξ ξ, Xi)인데 이는 중국의 매우 흔한 성(姓)인 '시'(习, 習)와 표기가 같은 것이 문제가 되었다. 지도자 시진핑(Xi Jinping, 习近平)의 Xi 때문은 아니라고 WHO의 대변인 Tarik Jasarevic은 밝혔지만, WHO는 문화적, 사회적, 국가적, 지역적, 직업적, 민족적 집단에 대한 공격을 야기할 수 있는 작명은 피하는 것을 원칙으로 하므로 이를 제외하기로 결정하였고 다시 다음 글자로 넘겼다.

15번째 문자인 '오미크론'(omicron)은 o와 micron의 결합으로 이루어진 말이다. 여기서 micron은 '작다'는 뜻인데, 현미경을 뜻하는 microscope나 미생물을 뜻하는 microbe 등에서 그 예를 볼 수 있다. 과학이나 공학 분야에서는 '100만분의 1'의 의미로도 쓰인다. 결국 '오미크론'은 '작은 o', 즉 '단(短)모음 o'를 뜻한다.

이와 짝을 이루는 글자가 마지막 글자인 '오메가'(omega)인데, 이는 o와 mega의 결합으로 이루어진 말로, 여기서 mega는 megaphone(확성기) 등에서 볼 수 있듯이 '거대하다'라는 뜻을 나타내는데, megabyte에서처럼 '100만의'라는 뜻으로도 쓰인다. 요컨대 '오메가'는 '큰 o', 즉 '장(長) 모음 o'라는 뜻이다.

당시의 자료에 의하면 오미크론 변이형은 전파력은 엄청나게 크지만 중증도나 치명률에서는 매우 약한 것으로 간주되고 있었다. 이는 우연이지만 그 이름의 의미와도 일치한다. 즉 그 이름 속에 내포한 미크론(micron)이라는 어근의 의미처럼 중증도나 치명률은 매우 미약한 것이다.

아무튼 이러한 치명률의 미약성과 '미크론'의 의미의 일치는 13번째 글자 '뉘'에서 15번째 '오미크론'으로 넘어가는 바람에 일어난 현상이니 우연에 우연이 겹쳐진 것이라 할 수 있다. 하지만 너무도 공교롭게 발생한 이러한 우연의 중복을 우리는 우연으로만 부를 수있을까 하는 생각이 든다.

어차피 이 글은 변이 바이러스에 대한 비(非)의학적인 내용을 담고 있으니 한 가지만 더 덧붙여 보자.

9번째 글자인 '이오타'(Ι ι, iota)는 그리스 문자 중 가장 작은 글자(작은 줄 하나만 그으면 되는 문자이므로)이기 때문에 영어에서는 '매우 작은 양'이라는 의미를 나타내게 되었다. 예컨대 "He doesn't have an iota of common sense."(그는 조금의 상식도 없는 사람이다)와 같이 쓰인다. 과연 이오타 변이형은 그 영향이 미미하여 거의 보도되지도 않고 있다.

그렇다면 만일 마지막 글자인 '오메가'까지 간다면, 그 변이형은 과연 이름, '메가'처럼 강한 피해를 줄까 하는 상상을 해보았다. 단순한 상상에 불과했지만 다행히 거기까지는 다다르지 않고 코로나19는 엔데믹(endemic)으로 전환되었다.

참고문헌

강길운(2021),『비교언어학적 어원사전』, 한국문화사.

김무림(2020),『국어 어원사전』, 지식과 교양.

김민수 편(1997),『우리말 어원사전』, 태학사.

김인호(2001),『조선어어원편람 하』, 박이정.

박갑수(2021),『우리말의 어원과 그 문화—우리말의 어원사전』, 역락.

박만규(2022),「접미사 '-자'(者)와 '-인'(人)의 선택 요인」, in『한국사전학』 제39호, pp.134~164, 한국사전학회.

백문식(2014, 2018),『우리말 어원 사전』, 박이정.

서정범(2000, 2018),『새국어어원사전』, 보고사.

안옥규(1996),『어원사전』, 동북조선민족교육출판사.

염광호(2021),『우리말 어원 산책』, 역락.

조항범(2022),『말과 글의 달인이 되는 법—우리말 어원 사전』, 태학사.

Bammesberger, Alfred, *English Etymology*, Heidelberg: Carl Winter, 1984.

Barnhart, Robert K., ed., *Barnhart Dictionary of Etymology*, H.W. Wilson Co., 1988.

Beekes, Robert, *Etymological Dictionary of Greek*, Leiden, Netherlands, Brill, 2010.

Boutkan, Dirk, and Sjoerd Michiel Siebinga, *Old Frisian Etymological Dictionary*, Leiden: Brill, 2005.

Buck, Carl Darling, *A Dictionary of Selected Synonyms in the Principal Indo-European Languages*, University of Chicago, 1949, reprinted 1988.

Durkin, Philip, *The Oxford Guide to Etymology*, Oxford/NY: Oxford University Press, 2009.

Klein, Dr. Ernest, *A Comprehensive Etymological Dictionary of the English Language*, Amsterdam: Elsevier Scientific Publishing Co., 1971.

Liberman, Anatoly, *Analytic Dictionary of English Etymology*, University of Minnesota Press, 2008.

Liddell, Henry George, and Robert Scott, eds., *Intermediate Greek-English Lexicon*, Oxford University Press, 1883.

Lockwood, William B., *An Informal Introduction to English Etymology*, Montreux, London: Minerva Press, 1995.

Ross, Alan S. C., *Etymology, with a special reference to English*. Fair Lawn, N.J.: Essential Books; London: Deutsch, 1958.

Samuels, Michael, *Linguistic Evolution: With Special Reference to English*, Cambridge: Cambridge University Press, 1972.

Walter, Henriette, *L'Aventure des langues en Occident*, Editions Robert Laffont, Paris, 1994. (박정섭 역, 『서유럽의 언어들』, 서강대학교출판부)

Yakov, Malkiel, *Etymology*. Cambridge: Cambridge University Press, 1993.

Encyclopedia of Language and Linguistics, 2nd edn. Ed. Keith Brown. Vol. 4. Oxford: Elsevier, 2006, pp. 260~267.

Online Etymology Dictionary, https://www.etymonline.com

사진출처

112p. Photo by Craig M. Groshek.

Public domain, via Wikimedia Commons.

https://commons.wikimedia.org/wiki/File:GrandeVerandah.jpg

112p. Véranda accolée à une maison individuelle.

Spedona, Creative Commons Attribution-Share Alike 4.0 International.

https://commons.wikimedia.org/wiki/File:V%C3%A9randa02.jpg

115p. Chartres Cathedral, Facade of South transept

Public domain, via Wikimedia Commons.

https://commons.wikimedia.org/wiki/File:Chartres_Cathedral_020_south_facade_TTaylor.JPG

116p. Monastery of Certosa di Pavia, near Pavia, Italy - small cloister

Luigi Chiesa, Creative Commons Attribution-Share Alike 3.0 Unported.

https://commons.wikimedia.org/wiki/File:Certosa_di_Pavia_chiostro_piccolo.jpg

117p. The Louvre, a gallery in the Louvre, Paris, France.

Public domain, via Wikimedia Commons.

https://commons.wikimedia.org/wiki/File:The_Louvre,_a_gallery_in_the_Louvre,_Paris,_France,_between_ca._1890_and_ca._1900.jpg

135p. Roland Garros devant un avion Demoiselle.

Public domain, via Wikimedia Commons.

https://commons.wikimedia.org/wiki/File:Roland_Garros_1910.jpg

141p. 1/4 de finale Davydenko-Nalbandian aux Internationaux de France 2006 au Stade Roland-Garros.

sk4t, Creative Commons Attribution-Share Alike 2.0 Generic.

https://commons.wikimedia.org/wiki/File:ND_DN_2006FO.jpg

170p. Façade principale de l'hôtel de ville de Paris.

Chabe01, Creative Commons Attribution-ShareAlike 4.0 International.

https://commons.wikimedia.org/wiki/File:H%C3%B4tel_ville_fa%C3%A7ade_principale_Paris_11.jpg

171p. The north facade of the Hôtel des Invalides, seen at twilight.

DXR, Creative Commons Attribution-Share Alike 3.0 Unported.

https://en.wikipedia.org/wiki/File:H%C3%B4tel_des_Invalides,_North_View,_Paris_7e_140402_1.jpg